**이남희가 들려주는**
테라피 수필

# 시렁그네

이남희 낭송 테라피 수필집

이남희 (李南熙)

나주에서 출생

경기여고, 경희대 일어 일문학과 졸업

2005년 문예사조로 수필 등단

2010년 계간 에세이포레로 수필 평론 등단

계간 에세이 포레 편집위원 역임

계간 에세이포레 작품상 수상

2017년 낭송 테라피수필집 [시렁그네] 출간

서울 반포중, 혜원여중 위클레스전문 상담교사

산들강 웅포 농어촌 인성학교 매니저 역임

한국문인협회 인성교육위원

nhbear@hanmail.net

# 시렁 그네를 탑니다

십여 년 전 작가 한 분을 만났습니다. 새 길을 만난 것이지요. 잊고 있었던 시간이 그네를 타듯 흔들거리며 높이 날아올랐습니다. 낮게 보이던 사물들이 원근을 가리며 시야의 각도를 넓혀서 오래된 친구처럼 제게 다가왔습니다.

사랑이 쉬운 시절에 진정 사랑하는 것이 없었던 나의 영혼은 다른 사람의 글을 읽으며 호흡을 가다듬게 되었습니다. 누군가를 사랑할 때의 두근거림과 설레는 가슴을 가져본 것입니다. 불완전한 감정을 다스리게 해주는 시간을 늘려가면서 내가 사랑하는 무엇인가가 글 속에 있다는 것을 깨달아 갔습니다.

마음을 열고 바람을 들이고 자유롭게 사물을 바라보게 되었습니다. 마음 속에 간직한 이야기들을 하나씩 들추어내며 세상 구경을 시작하였습니다. 궁핍한 언어로 생생한 감정을 전달하기에는 역부족이라는 생각에 발목이 잡히면서 저의 글은 길을 잃기도 하였지만, 멈추고 섰다가 다시 걸으면서 십년 만에 시렁 그네를 타게 되었습니다.

외갓집 안방에 걸려있던 시렁에는 보따리와 이불이 얹어져 있었습니다.

작은 보따리 큰 보따리 무거운 짐과 가벼운 짐을 넉넉히 받아주는 시렁은 인생살이에 필요한 짐들을 올려 놓는 정감 있는 사물입니다. 대나무 시렁은 힘들고 지친 인생을 쉬게 하여주고 곧음으로 걸어가라는 길의 메시지로 읽혔습니다. 비자나무 숲 우거진 불회사 앞마당에서 노닐던 바람에 가슴 무겁던 날, 바람은 쉼없이 뼛속까지 드나들었습니다. 대웅전 뒤 안의 시렁을 보는 순간 나는 잃었던 사람을 만난 듯 낯선 곳에서 다시 힘을 얻었습니다. 나무를 사랑하다 죽어간 대목장의 혼을 본 것입니다. 사랑은 인생을 살아가는 근원적 동력입니다. 내 영혼도 독자님들과 함께 시렁 그네를 타며 새 힘을 얻습니다.

부족한 글에 감동을 주신 유승우 박사님과 한상렬 평론가님, 수필 낭독에 흔쾌히 참여해 주신 [바다칸타타]의 박종규 작가님, 최은주 시낭송가님께 감사드립니다. 그리고 정성을 다해 〈시렁 그네〉 출간을 도와주신 폴리곤 북스 직원들께도 고마움을 전합니다.

2017년 7월 웅포 마을에서 저자 올림

| 지은이 | 이남희
| 펴낸이 | 박인수
| 펴낸곳 | (주)폴리곤커뮤니케이션즈
| 기획 | POLYGON Books
| 북디자인 | POLYGON Books

| 1판 1쇄 발행 | 2017년 7월 20일

| 등록일자 | 2003년 12월 23일
| 등록번호 | 제 313-2003-00384호
| 주소 | 서울시 마포구 합정동 362-2 4층
| 전국공급처 | 도서출판 채운재 : 02-704-3301
| Homepage | www.polygon.co.kr
| E-mail | books@polygon.co.kr

| 978-89-954801-5-1 03810
| 이 책은 저자와의 협의 하에 인지를 생략함.

값 15,000원

# 시평2세

題字 : 아초 김은주

## 엄마의 방



## 시렁 그네

## 슬픈 귀향



## 어둠을 허물다



## 잃어버린 이름 하.나.부



## 혼 흘림의 서사

# 엄마의 방

# 햇볕 담기

"애야, 넌 어둡지도 않냐? 커튼 좀 치워라. 집이 훤해야 복이 들어온다는데, 아이고 앞을 꽉 막아 놔서야…."

집안이 어두워서 답답하다는 시어머니의 말씀을 죄송스럽지만 나는 노랫소리로 듣고 산다.

우리 집은 시장 통에서 40여 년을 버텨온 건물이라 세월만큼 낡았다. 더군다나 북향이라 해 드는 시간도 짧아서, 넓은 창을 삼면으로 내었다. 왁자한 시장 통 잡다한 소음과 겨울 외풍을 차단할 목적으로 두툼한 방음 커튼까지 달아놓고 산다. 문제는 여름철이다. 상가가 밀집한 곳이라 가게마다 내뿜는 에어컨 열기로 골목이 후끈 달아오른다. 그 열기 때문에 지열도 높아져 문을 열지 않고서는 여름을 지낼 수가 없다.

2층에 사는 우리는 앞집 건물과 '까꿍' 할 정도로 가까워서 2, 3층 봉제 공장 사람들과 뻘쭘한 눈 맞춤이 자주 일어난다. 욕실에서 나올 때는 옷매무새에 바짝 신경을 쓰지 않으면 민망한 일이 벌어지기도 한다. 그런 일을 피하기 위해서는 시어머니의 복 타령에도 불구하고 창가에 모시 발이라도 내 걸어야 한다.

어느새 빛 꼬리가 방을 빠져나갈 태세다. 마침 3층에 사시는 시어머니의 발걸음 소리가 계단을 타고 내려온다. 나는 얼른 커튼을 한쪽으로 몰아두고, 방에서 빠져나가는 햇빛을 쫓아 옥상으로 빨래 널러 갈 채비를 한다. 아기 몸통만 한 빨래통을 두 손으로 보듬고 비좁은 계단을 오를라치면 다리가 후들거린다. 그때마다 제발 이사 좀 갔으면 하는 바람이 굴뚝같지만, 남편은 요지부동이다.

5층 옥상에 오르는 일이 번거로우나 일단 오르고 나면 하늘이 손에 잡힐 듯 속은 후련해진다. 속살까지 파고드는 바람 맛이 기분을 좋게 한다. 바람에 몸을 맡기고 청명한 하늘을 바라보노라면 아예 나 자신을 널고 싶어진다. 복닥거리며 살아가는 일상 속에 박혀 든 곤궁한 생각들을 햇볕에 쫙 말리고 싶어서이다. 바람에 몸이 빨려든 날은 마음마저 빨아진 느낌이 든다.

빨랫줄을 널찍이 차지한 이불 홑청이 바다처럼 출렁거린다. 옷이 날개라면 옥상은 너울너울 식구들의 날갯짓을 응원하는 공간이 된다. 키가 크길 소원하는 아들의 청바지를 쭉쭉 잡아당겨 아빠 옷 옆에 나란히 널어놓는다. 다리가 한층 길어진 아들의 청바지와 남편의 두툼한 스키복이 빨랫줄에 붙들려서 바람에 흔들거린다.

남편의 옷이 허수아비처럼 꼼짝없이 빨랫줄에 매달려 있는 것을 보니 웃음이 터진다. 아가리가 큰 집게로 더 꼼짝 못 하게 단단히 집어 놓는다. 호주머니마다 바람과 햇볕이 잘 들도록 안을 뒤집어 빼놓고, 모자가 달린 남편의 스키복 머리통을 주물거려 본다. 남편의 뒤통수인 양 모자를 손바닥으로 탁탁 쳐보기도 한다. 남편의 머리통을 감히 쥐락펴락하면서 맘대로 허물하는 손맛이 꽤 좋다. 바람이 나를 보듬고, 나는 식구들의 허물을 매만지며 햇볕과 바람에너지를 허물 안에 재충전하는 중이다.

언제나처럼 방앗간에서 곡물 볶는 냄새가 구수하게 풍겨온다. 때마침 제주 갈치가 눈을 끔뻑끔뻑하고 있다는 뜨내기 생선장수의 외침이 들려온다. 그 입담에 이끌려 골목으로 나가본다. 외침과 달리 생선들이 햇볕에 늘어져 자고 있다. 사모님 기다리다 이제 막 잠들었다는 생선장수의 넉살이 듣기 싫지는 않다. 신선도를 가늠키 위해 눈치껏 손가락으로 녀석들을 눌러보니 그런대로 탱탱하다. 자는 놈 살살 누르라는 생선장수의 구릿빛 얼굴도 목소리도 건강해 보인다.

서둘러 빨래를 걷어야 할 시간이 가까워져 옥상에 있는 허물들에게 불려간다. 후줄근하던 옷에 볕이 드나들며 바람구멍을 숭숭 내어 옷의 결이 성글성글하다. 햇볕을 받아먹은 식구들의 허물들이 짱짱하게 부피를 늘인 것이다. 잘 마른 것들을 끌어안고 조심스럽게 계단을 내려오는데, 허수아비 같던 남편의 스키복 팔이 부풀려진 채 내 코끝을 치고 간다. 남편의 기가 되살아난 것이다.

빨래통을 방안에 와르르 쏟아 부으니 옥상에서 담겨온 햇볕이 안방에 뿌려진다. 기장이 늘어난 아들의 청바지에서, 남편의 스키복에서 햇살이 슬렁슬렁 기어 나온다. 수건에서는 햇볕 냄새가 정말로 많이 난다. 까슬까슬한 수건의 촉감이 방에서 말린 것과는 판이하게 뽀송뽀송하다. 남편과 딸애는 햇볕 냄새를 유달리 좋아한다. 빨래를 개켜놓는데 딸애가 수건을 한 장 집어가며 한 말씀을 날린다.

"맞아, 이 냄새! 바로 이게 엄마 냄새지~."

가스레인지 위에서 갈치조림이 보글거리며 냄비 뚜껑을 딸막거린다. 방에 가득했던 햇볕 냄새를 갈치가 슬슬 먹어치우는 소리이다. 금세 방안에 갈치조림 냄새가 진동한다. 햇볕 담기는 이렇게 나의 일상이 되고 있다.

# 묘비명 앞에서

끝내 바람결에 지고 만 담쟁이. 햇살의 잔상까지도 허무하게 덮어 내리는 가을의 끝자락, 버석해진 줄기만 외롭게 담벼락을 놓지 못하고 있다.

기온이 뚝 떨어져 한기가 느껴지는 새벽녘, 성당에 가던 길이었다. 차가운 달빛에 몰려다니던 포플러 이파리들이 모퉁이 길에서 내 발걸음을 세웠다. 떠나가는 망자를 위해 기도하듯이 나는 한동안 그것들을 바라보았다. 갑자기 추워진 날씨에 이파리들은 한껏 움츠러들었고 제 몸을 돌돌 말아가며 굴러다녔다. 잃어버린 내 젊은 날의 초상인 듯, 푸른색은 간 곳 없고 커다란 잎사귀는 바스러지게 말랐다. 여름날의 열정은 허세와 욕심이었다고 고백하는 양 쓰러져 뒹구는 것이었다. 한갓 부스러지기 위해 살아온 그들의 삶에 나를 비교하였다. 허접스런 것을 붙들고 허둥대며 살아온 내 모습이 보였다. 허리를 굽혀 뒹구는 낙엽 한 잎을 주워 이별의 인사 대신 새벽 입맞춤을 해 주었다.

지난 봄, 겨울의 모진 바람을 견뎌내고 꽃나무는 어여쁜 꽃봉오리를 활짝 피워냈다. 산을 불태울 듯 봄날의 난만함은 무모하리만치 화려했고, 꽃잎은 온 거리에 흩날렸다. 꽃 가슴이 타드는 동안 내 마음은 더없이 풍요로웠다. 그들이 뿜어낸 향기와 꽃그늘 속에서 몰래 키운 나의 사랑들도 흠씬 행복하였다. 겨우내 참아온 그들의 인내와 수고는 아랑곳하지 않고 눈앞의 즐거움만 호방하게 즐기며 계절의 끝에 와 있는 것이다.

부끄럽지만 나는 그들을 엄숙하게 환송하여야만 했다. 돌아오지 못할 청춘을 되돌리는 심정으로.  꽃나무는 겨울의 고통을 참고 이겨내야 꽃을 피울 수 있고, 꽃을 잃어야 열매를 맺게 되는 자연 순환의 진리를 어김없이 지켜낸다. 화무십일홍이란 말이 있듯이 그들의 개화기는 짧고, 화려한 꽃 잔치는 우리네 청춘처럼 허망하게 끝이 난다. 삶의 이치도 이와 유사하나 우리에게는 어김이 있기 마련이다. 욕망과의 줄다리기를 놓기가 쉽지 않기 때문이다. 마음 따로 행동 따로 제각기 꽃을 피우고 열매 맺기를 반복하는 어리석은 인생살이. 꽃나무는 과묵하게 잎을 내고 꽃을 피우지만 떠날 때는 미련 없이 톡 떨어져 순순히 낙엽의 숙명을 받아드린다. 또 다른 생은 제 몸을 말리는 것으로 시작되는 것을 아는 것이리라.

꽃과 낙엽이 주는 순응의 의미를 접어둔 채 나는 멋지다, 아름답다, 예쁘다고 감탄만 쏟아낸 계절이었다. 이제야 낙엽이 주는 의미를 가늠해본다. 잎사귀가 대지에 이르는 마지막 순간, 바삭바삭 몸 떨구는 소리마저 숭고한 질서로 보이는 것이다. 바스락 바스락 제 몸까지 부수는 겸허는 욕심을 다 비워내지 못하고 머뭇거리는 나의 일상에게 "너를 위하여"라고 속삭이는 듯하였다.

몇 해 전 절두산 성지 옆에 있는 외국인 선교사 묘역을 들렸다. 한 알의 밀알로 살다가 타국에서 숨져 간 선교사들의 회색 묘비명 사이로 차가운 바람이 스쳤다. 묘비명이 읊조려내는 노래 소리는 가을 소나타 같았다. 갖가지 모양의 묘비는 세월 꽃을 피우며 하늘을 우러렀고, 그 위로 마른 낙엽 몇 개가 포물선을 그으며 그윽하게 떨어져 내렸다. 그것을 받아내는 노을 빛 가을 서녘은 참으로 평화로웠다. 비바람에 얼룩진 묘비를 어루만지며 나는 바람처럼 걸었다.

묘비에 손끝이 스칠 때 느끼는 바람 끝이 차가웠다. 작은 언덕을 돌아드는 길가에 묘비명도 없이 비석만 빼곡한 장소를 만났다. 무명용사들의 묘역 같은 그 곳에서 발길이 멈추었다 길가 벤치에 가만히 앉았다. 남의 나라를 위해 살다 간 성스런 넋들이 묘비 앞에서 춤을 추었다. 마른 잎사귀가 바람에 후두두둑 떨어지며 제 마음을 노래했다. 크고 작은 이파리들은 진한 갈색으로 깊이 물들었고, 그들의 희생을 위로하듯이 묘비 위로 리듬있게 떨어져 내렸다.

한쪽 발을 끌면서 걸음을 옮기는 청년 한 쌍이 보였다. 그들은  둘이 한 걸음이 되어 내 쪽으로 다가오고 있었다. 다리가 불편한 친구의 어깨를 자기 어깨에 걸친 채 천천히 대화를 나누며 걸어오는 모습은 영화의 한 장면이었다. 청년은 아픈 청년에게 진지하게 묘비명에 대한 설명을 해주었고, 병색이 완연한 청년은 환하게 웃으며 친구의 설명을 듣고 있었다. 청년들의 얼굴이 천사로 보였다. 친구를 위한 그 청년의 사랑이 묘비명의 주인공들 같았다. 관절이 불편하여 휘청휘청 걸음을 옮기던 소아마비 청년에게 보냈던 나의 시선이 부끄러워졌다. 다음 생애를 위한 낙엽의 숭고함처럼 청년들의 모습도 고결해 보였다.

"한국인보다 한국을 더 사랑했고. 자신의 조국보다 한국을 위해 헌신했던 빅토리아풍의 신사, H.B.hulbert 박사 이곳에 잠들다."

스쳐 지나온 묘비명에서 본 글귀가 또렷이 각인되었다. 마른 잎의 숨결까지 품어 내리던 묘비명의 사연이 내게 따뜻하게 손을 내밀었다. 낙엽으로 뒹구는 나뭇잎 하나보다 성실치 못했던 나의 인생을 스스로 채근하듯.

# 밥 情

사람 불러들이기 좋아하는 울 아버지 덕에 엄마의 된장독은 웃소금 마를 날이 없었다. 날마다 밥장사하는 집처럼 들통에다 된장국을 끓여대었다. 총각김치 듬뿍 넣고 자박자박 조려내던 꽁치 냄비는 다른 집의 솥단지만큼이나 컸다. 사람들이 수시로 드나들어서 날마다 잔칫 날처럼 밥과 국을 끓여야 했다.

"아저씨 요기하시게 밥 한술 떠 오니라"

이른 아침이면 마당에서 들려오던 아버지의 목소리는 이불 속에 있는 나를 깨우는 소리였다. 그 소리가 듣기 귀찮아 못 들은 척 이불을 뒤집어쓰고 가만히 누워있으면 아버지 목소리는 더 크게 들려왔다. 어쩌지 못하고 일어나 발소리를 쿵쿵 내며 부엌으로 가서 밥을 푸고, 동치미를 뜨기 위해 뒤 안으로 나갔다. 동치미 독은 내 머리가 들어갈 정도로 컸다. 얼음이 설렁설렁 떠 있는 동치미 국물을 국자로 휘저어 떠 담고 한 국자 퍼마시면 정신이 번쩍 났다. 부엌으로 돌아와 동치미와 김치, 뜨거운 우거짓국

한 사발을 챙긴 밥상을 현관문 앞으로 가져가는 것이다. 아침 댓바람에 애쓰시는 청소부 아저씨에게 드리기 위해서이다. 청소부 아저씨는 신발도 벗지 않은 채 현관에 걸터앉아 밥을 국에 말아 훌훌 빠르게 드셨다. 청소부 아저씨가 밥을 드시는 동안 국 김이 거실 안으로 날아들었다. 컴컴한 새벽부터 고되게 일을 하시기 때문에 출출해졌을 속을 바삐 채우시는 것 같았다. 아저씨의 얼굴은 후끈해지셨고, 나는 한쪽에서 부스스한 얼굴로 아저씨의 식사가 끝나기만을 기다리곤 했다.

우리 집은 식구가 여섯인데도 설 명절이 다가오면 엄마는 두 가마니나 되는 쌀을 불렸다. 지금은 설이 돌아와도 방앗간 앞에서 줄 서는 모습을 거의 볼 수 없지만, 그때는 방앗간 앞에서 방망이 떡을 뽑기 위해 밤잠을 쫓아가며 떡쌀 보초를 서야 했다. 떡을 뽑아와 적당히 굳으면 손이 부르트도록 떡을 썰어 이집 저집 나눠드릴 곳을 배당받아 동생들과 떡 배달을 하였다. 배달을 마치고 집에 돌아오면 우리의 손발은 꽁꽁 얼어붙어 은근히 화가 났다. 매일 하는 밥 공양과 명절 떡 심부름이 얼마나 지겨웠던지 얼른 커서 시집이나 가버렸으면 하는 생각도 하였다.

십여 년이 넘도록 품바극의 노랫말을 써온 고(故) 김시라 시인(詩人)의 부친도 전남 무안 고향에서 밥 공양을 일삼았다는 얘기를 그의 여동생 향신 씨에게 들었다. 그의 아버지는 나그네건, 엿장수건, 동냥 나온 걸인이건 간에 집 앞을 지나가는 모든 사람을 불러들여 따뜻한 밥을 해 먹이고, 사립문 밖까지 배웅하는 삶을 살았다는 것이다. 걸인들은 밥이라도 먹고 사는 사람들에게 인정 베푸는 연습을 시켜주기 위해 하늘에서 내려온 천사' 라고까지 여겼다니 베푸는 일은 연습이 필요한 것이고, 그 품성은 타고나는 것이라는 생각을 하게 된다.

그 시절 밥은 생존의 가치였고, 든든히 속을 채울 수만 있으면 최고의 행복이라 여기던 때이다. 아버지는 떡 배달도 모자라, 밥술이나 뜨고 살면서 남에게 데데하게 굴면 사람이 낮춰 보이고, 인정 없는 짓이라고 허구한 날 밥상머리 교육을 하셨다. 그 탓으로 아예 우리 집 방 하나는 시골서 서울 살이 하러 온 군식구들 차지였고, 우리 여섯 식구는 한 방에서 오글거리며 살았다. 넉넉한 살림도 아니었는데 엄마는 그것을 군소리 없이 받아내고 밥집 아줌마처럼 사신 것이다.

남의 처지를 먼저 헤아리는 아버지 덕에 코흘리게 딸내미 배 곯린 이야기 하나 들춰내 보려 한다. 초등학교 1학년 때였다. 학교에서 급식으로 주던 옥수수 빵을 엄마에게 갖다 주고 싶어서 먹고 싶은 것을 꾹 참고 아껴서 집에 가져가곤 했다. 하루는 학교에서 빵도 주지 않는 날이었는데 체육활동까지 해서 배가 무지하게 고팠다. 집에 가자마자 나는 밥 바구니 뚜껑부터 열었다. 그런데 세상에 밥이 두어 숟가락 정도 양은 바구니 바닥에 들러붙어 있는 것이 아닌가. 그나마 밥 바구니는 쉬지 말라고 잔구멍이 숭숭 뚫려 있어서 손가락이 베일 정도로 밥알이 딱딱하게 굳어 잘 때어지지도 않았다. 군식구들 소리는 방에서 들려오고, 밥도 없고 엄마도 없었다. 찬장 문을 열어보니 간장 종지만 달랑 말라가고 있었다. 학교 갔다 돌아오면 배고플 줄 뻔히 알면서 내 밥을 남겨놓지 않은 게 서러워 핑 눈물이 돌았다. 행여 방 안에 있는 사람들에게 우는 모습을 들킬까 봐, 얼른 부엌에서 나와 골목을 빠져나왔다. 남의 집 담벼락 밑에 쪼그리고 앉아 별별 생각을 하였다. 툭하면 나를 다리 밑에서 주워왔다고 하더니만 그 말이 정작 맞을지 모른다는 생각이 머릿속을 뱅뱅 돌자 눈물이 무릎에 뚝뚝 떨어졌다. 그때 어떤 애가 복숭아를 한 입 베어 먹다 말고 나를 힐끗 쳐다보더니 그것을 내 앞으로 휙 던지고 갔다. 그 복숭아가 내 코앞으로 데구루루 굴러왔는데, 흙가루가 달라붙은 복숭아에서 속살 단내가 맛있게 풍겨왔다. 저절로 그 속살에 허기가 돌고 먹고 싶다는 생각이 스치면서 나는 주변을 두리번거리다가 그 복숭아를 떨리는 마음으로 집어 들었다. 그런데 앞집 구멍가게 아저씨한테 우리 남희 못 봤는가 하고 묻는 아버지의 목소리가 때마침 골목 담을 타고 들려왔다. 시무룩하니 고개를 숙이고 저 아래 쪽으로 가던디, 오늘 뭔 일로 남희를 혼냈는가요? 장 씨의 말소리가 이어서 들려왔다. 책가방이 집에 있는 것을 보니 분명히 학교에서는 돌아온 것 같은데 내가 보이지 않자, 아버지가 나를 찾아 나선 것이다. 나는 놀라서 쥐고 있던 복숭아를 치맛자락으로 감추었다가 아버지에게 혼날 생각에 더럭 겁이 나 얼른 던져버리고 다른 골목으로 몸을 숨겨버렸다. 아버지가 내 이름을 부르며 골목골목을 돌아다녔고, 나는 그 골목을 숨바꼭질하듯 아버지를 피해 돌아다녔다. 해는 뉘엿거렸고 가슴은 꿍꿍거리고 눈물은 계속 더 흘러나왔다. 나 자신이 성냥팔이 소녀만큼 불쌍하게 느껴졌다.

남의 입을 먼저 생각하는 부모님 덕분인지 나도 무엇이든 나눠 먹는 습관이 조금 있기는 하다. 그게 유산이라면 유산이겠거니 하고 살고 있지만, 두근두근한 마음으로 흙 묻은 복숭아를 삼킬 뻔 했던 어린 시절, 그 복숭아의 단내를 지금도 잊지 못한다. 첫 입맞춤의 추억쯤으로 기억하고 싶은 것일까. 나는 몰캉하고 달콤한 주홍빛 굵은 복숭아를 상자로 사는 버릇이 있다. 아버지의 밥 정(情) 때문이다.

# 엄마의 방

황사가 걷히고 하늘이 푸른 속을 드러낸 봄날이었다. 모처럼 햇볕이 길게 든 거실로 엄마를 모시고 나왔다. 산꼭대기에 엄마의 젊은 날들이 펼쳐졌다. 감색 천에 내 이름 석 자가 새겨진 교복과 포플린 원피스가 푸르게 살아났다. 엄마가 만들어주던 원피스의 해바라기 꽃이 동심원을 그리며 꽃잎을 피우기 시작하였다. 그 해바라기 꽃을 거두어 빛을 잃어가는 엄마의 방에 걸고 싶다는 생각이 간절해졌다.

엄마는 쉰여섯에 누구도 예기치 못한 일을 겪었는데 지금 내가 그 나이를 훌쩍 넘겼다. 볕이 잘 들고 대추나무가 넘겨다보이는 창가에는 엄마의 재봉틀이 놓여 있었다. 엄마가 재봉틀에 앉는 날이면 나는 옆에서 재봉 시중을 들곤 하였다. 손가락에 하얗게 묻어나는 초크 가루 감촉이 분가루처럼 매끄러웠다. 엄마는 내 포플린 원피스 양쪽 호주머니에 해바라기 모양의 천을 대 아플리케를 하였다. 손수 지은 옷은 기성복과는 달리 박음질이 고르고 시접 처리가 매끈하였다. 엄마는 그 공을 재봉틀의 노루발에게 돌리곤 하였다.

엄마는 막내에게 시집와서 손위 시숙님 네 분을 시부모님처럼 모시며 살았다. 집안에는 늘 군식구가 끊이지 않았는데, 엄마가 외가에라도 다니러 가시는 날이면 그 치다꺼리는 내 몫이 되었다. 난 엄마처럼 안 살 거라고 어깃장을 놓기도 하고 심통을 부리기도 하였지만 그때마다 '네가 참으라'는 윽박을 받았고, 외려 등짝을 몇 차례 얻어맞기도 하였다. 무조건 참으라는 엄마의 외곬 주문은 내 의식에 박음질 되어 생활 속에서 이따금 가시로 돋아났다.

아버지가 갑자기 췌장암으로 돌아가시자 엄마는 사람들과의 대면을 꺼렸다. 불안증세가 심해져서 혈압이 오르고 신경에 병리적 증세가 나타나서 입원까지 하게 되었다. 5분 간격으로 자리를 옮기는 현상을 보이자, 자녀 외에는 누구의 대면도 허락되지 않았다. 과거와 현재의 기억이 뒤죽박죽되더니 급기야 손에 쥔 칫솔의 치약을 꿀컥 삼켜버리는 행동마저 보였다. 퇴원 후, 사람들과의 소통이 어려워지고 앉고 서는 행동조차 수월치 않아지면서 엄마의 방에는 기저귀 보따리가 쌓여갔다. 기저귀 속의 솜뭉치를 뜯어내어 솜 꽃을 피우는 일은 엄마의 새로운 놀이가 되어갔고, 엄마의 영혼은 점점 혼돈 속으로 꺼져 들었다.

엄마를 수발하기 위하여 여동생은 운영하던 미술 학원을 접어야 했다. 동생이 출장 레슨을 가는 날에는 내가 엄마를 찾아가서 돌보기로 하였다. 엄마의 저지레 영역이 점차 넓어지면서 우리는 고약한 제지 방법을 생각해 내었다. 방문 손잡이에 바가지를 씌워 붙여두는가 하면, 집으로 돌아가야 할 시간이 되면 창문을 밖에서 걸어두기도 하였다.

반 벌거숭이 차림으로 욕실을 오가며 엄마의 방을 치우고 있던 어느 날이었다. 잠금장치를 해 둔 방문이 맞바람에 냅다 닫히면서 덜컥 둘이 방에 갇히고 말았다. 멀쩡한 나도 안에서는 문을 열 방법이 없었다. 엄마의 저지레를 줄이려고 쳐 둔 덫에 내가 제대로 걸려든 것이다. 방에 갇힌 반라의 두 여자는 우스꽝스런 모습을 서로 바라보며 실성한 사람처럼 웃다가 울다가 한나절을 보냈다. 엄마는 혼자 있을 때보다 즐거운지 천진하게 웃었고 나는 속으로 많이 울었다. 참으로 어이없는 현실에 갇힌 나의 모습이 엄마에게서 보였다. 엄마는 아이가 되었고 아이는 엄마가 되어있는 것이었다. 나와 갇히면서 엄마의 불안이 사라졌다. 미안한 생각에 나의 눈물이 그치지 않았다.

몹쓸 병에 8년 간 시달리다가 뇌출혈로 자리에 누우면서 엄마의 저지레는 끝이 났다. 방문 손잡이에 붙여졌던 바가지가 떼어지고 엄마의 방에 솜꽃이 다시는 피어나지 않았다. 엄마의 살 거죽은 하루가 다르게 겨울나무의 등걸처럼 말라갔고, 몸은 점점 목각인형을 닮아갔다.

이듬해 봄꽃이 툭툭 터지던 날, 엄마의 방이 선뜩하여지고 나와 눈을 맞추던 엄마의 눈가에 물기가 하양 돌며 맥박이 느려지기 시작하였다. 창가로 스며든 노을빛이 방안의 눅진한 어둠을 희석하며 엄마 주위를 싸느랗게 감싸 안았다. 엄마가 평상시와 다르게 눈동자를 좌우로 움직여 보이더니 힘겹게 눈을 내리뜨셨다. 상류를 거슬러 올라 기진하여 죽고 마는 어미 연어의 핏빛 귀향을 보는 듯했다. 이를 어찌하면 좋은가. 엄마의 생이 여기서 멈추려나 보다. 내게 배태된 위선이 어미의 보시로 살라지는 순간을 맞는 듯하였다. 심장이 터질 듯한 슬픔이 나를 혼절시키려 들었다. 나는 무릎을 꿇고 엄마의 손을 놓지 못하였다.

다음날 이른 아침에 엄마가 세상을 떠나셨다는 전화가 왔다. 장롱 서랍에 오래 보관되어 있던 미농지를 꺼내었다. 누레진 종이에 인주 빛 만다라 문양이 선명히 남아 있었다. 재봉틀이 사라진 방에서도, 그늘진 엄마의 인생길에서도 한 여인의 청춘을 간직해준 증표처럼 보였다.

'네가 참아라.' 내게 가시로 돋아나던 엄마의 주문이 당신의 삶 속에서는 얼마나 쉬웠는지 물을 길이 없다. 다만 무던히 참고 살아온 대가가 고통의 화살로 당겨진 생애의 끄트머리, 빛마저 휘어 달아나는 방에 갇히면서 얼마나 많이 외롭고 처량하였는가 하는 목맴만 짙게 남았다. 벗어낼 수 없는 인간의 굴레가 있음을 목도한 것이다. 굴레를 벗도록 엄마의 어깨에 날개를 달아준 이 누구인가.

'갇힌 공간에서의 해방을 도모해 준 자와 뼈가 바수어지도록 덩실덩실 춤을 추소서, 거추장스러운 현세의 옷을 벗어낸 알몸으로 부끄럽지 않게 환생의 문을 두드리소서.' 나도 모르게 위선 같은 주문을 외고 말았다.

염장이가 그 미농지 종이로 엄마의 꽃신을 삼았다. 해바라기처럼 환하게 웃던 엄마의 얼굴에 분홍색 분이 발라졌다. 엄마의 방으로 돌아가기 위한 채비는 이렇게 끝이 났다. 목기러기 같은 엄마의 버섯 발목을 마지막으로 안아보았다. 작은 꽃배가 되어 사후의 강을 건너가리라.

진달래 만발한 세지 문중 산에 황토 봉분이 하나 더 생겨났다. 내 손을 잡고 놓지 못하던 엄마가 이 세상을 놓은 흔적이다. 흙이 마르고 풀이 돋아나면 엄마의 방은 견실해질 것이다. 입방 의식을 마치고 선산을 내려올 때 향기로운 바람이 산중에 불었다. 엄마의 방이 넓어지고 산중 뜰에 봄꽃이 슬프도록 만발한 탓이다. 엄마의 흙방이 견실해지면 해바라기 꽃을 걸지 않아도 좋으리라.

# 푸른 이파리 하나

"집 떠나와 열차 타고 훈련소로 가는 날
부모님께 큰절하고 대문 밖을 나설 때"

카페에서 '이등병의 편지'가 흘러나왔다. 아들 녀석 생각에 주르르 눈물이 났다. 서울역 대합실에서 헤어지던 장면이 눈앞에서 떠나질 않았다. 고교 시절, 공부 때문에 내 속을 태웠고, 아빠와도 좋지 않은 관계였다. 그런 녀석이 입영열차 시간 다가오자 개찰구 앞에서 잘 갔다 오겠다고 경례를 하고, 제 아빠를 두 팔로 먼저 와락 껴안았다. 나는 그 모습을 보며 아무 말도 못 하였고 두 손으로 얼굴만 쓰다듬어 주었다. 아들 친구들이 창원까지 가준다고 하여 마음이 놓였다. 이윽고 두 친구가 아들의 팔을 양쪽에서 잡았고, 죄인 잡아가듯이 개찰구를 서둘러 빠져나갔다.

우리 부부는 울컥해진 마음에 잘 가라는 소리도 못하고 손만 흔들다가 주차장을 빠져나왔다. 남편은 내가 창원까지 따라가는 걸 한사코 말려서 훈련소까지 갈 수가 없었다. 지난밤부터 속이 여간 편하질 않은 이유이다. 나에 대한 배려가 없다는 것이 야속하였다. 깜깜한 새벽, 기차는 꼬리 등을 훤하게 밝히고 곧 떠날 듯 숨소리를 고르며 역사 안 철길을 따라 늘어서 있었다. 헤어지는 슬픔도 인생의 경험 아닌가. 이런 경험도 어미의 몫이련만 이래라저래라 명령하는 남편의 성미가 미움을 키웠다. 집으로 돌아오는 동안 차 안에서는 단 한마디도 꺼내지 않았다.

성당에 들렀다가 곧장 집으로 왔다. 아들의 텅 빈 방 안을 둘러보니 섭섭함이 더했다. 모든 것이 그대로인데 아들만 없었다. 훈련소인 창원에 도착할 시간을 헤아려가며 기도만 하였다. 가지 말라 했어도 우기고 따라나섰어야 하는 건데 하는 아쉬움이 떠나질 않았다. 은근히 섭섭하진 않았을까 생각하니 다시금 눈가가 시려 왔다. 지금쯤 동대구에서 환승을 해야 했는데 초행길에 괜찮았을까? 시계를 보아 가며 걱정이 외줄을 탔다. 드디어 아들에게 전화가 왔다

."엄마 이제 막 훈련소 앞이에요. 거기까지 친구도 들어갈 수 있나 봐요, 생각보다 엄마 아빠들이 많이 오셨네."

아들은 밝은 음성이었다. 너는 엄마도 없는 애인 줄로 알겠다고 말하려는데 목이 꽉 메었다.

"그래, 몸조심하고 잘 견뎌내고 오너라. 우리 아들은 잘할 거야."

훈련장으로 걸어 들어가며 중계 방송하듯이 그곳의 분위기를 전하더니 갑자기 전화가 뚝 끊겼다. 나의 머릿속은 온통 먹통이었다. 그 날 저녁 남

편은 늦게 돌아왔다. 발소리를 턱턱 거리며 현관문을 들어서는데 얼굴에 얼큰히 취기가 보였다. 천천히 양복 상의를 벗으면서 아침에 있었던 아들과의 이별 이야기를 먼저 꺼내는가 싶더니, 갑자기 두 손으로 얼굴을 감싸고 울먹이기 시작하였다. 그 녀석을 내가 많이 때렸는데 지가 먼저 잘 다녀오겠다는 소리를 하며 자기를 껴안더라는 말을 몇 번이나 되뇌었다. 나한테 가지 말라더니 남편이 더 섧게 우는 것이었다. 그게 부정일지 모른다는 생각이 들었지만 생뚱맞고 어이가 없어졌다. 남편은 그 뒤로 며칠 동안 아들 방문을 열어 보지 않는 눈치였다.

열흘 뒤 장정 소포가 집으로 배달되었다. '귀댁의 자녀가 입대할 때 입었던 옷과 신발이 들어 있습니다'라는 문구가 무척 낯설었다. 바로 열어 보려다 그냥 두기로 하였다. 시어머님과 가족 모두 있는 데서 함께 열어 보는 편이 낫겠다는 생각이 들었다. 저녁에 위층에 계시는 어머니가 내려오시고 가족이 모인 자리에서 조심스럽게 그 상자를 열었다. 입고 갔던 옷이 잘 개어져 있었고 쪽지 글이 신발 상자 위에 붙어 있었다. 급히 몇 자 적은 듯 서체가 흔들려 보였다. 보고 싶은 엄마 아빠께~ 그리고 끝에 '엄마 이 소포 받고 절대 울지 말고, 나 없어도 심심해하지 말고, 동생 용돈 많이 주세요. 다시 편지 할게요'라고 적혀있었다.

그뒤 아들에게서 100일 휴가를 나온다는 전화가 왔다. 부모 마음이야 다 같을 텐데, 인분 사건이니, 김 일병 난사 사건이니, 병사 자살사건이니 하는 소식이 심심찮게 나오던 때여서 유달리 걱정이 앞섰다. 집에 오면 뭘

해 줄까 물으니 특별난 거 없이 엄마가 차려주는 아침밥 상을 가족과 함께 먹고 싶다고 하였다. 그리고 엄마가 귀 파주던 생각이 난다면서, 그거 꼭 해달라며 밝게 전화를 끊었다. 당연한 일상이 그리움이 되고 쓸쓸함이 되는 것은 가족이란 울타리에 살기 때문이다. 일상의 평화는 지루하지만 위대하고 일상의 행복은 소박하지만 소중하다. 아들은 그런 것이 그리웠던 모양이다. 작은 바람이 채워질 때 사람은 행복감을 느끼고 심리적 안정을 찾게 되는 가 보다.

사람에게 기다림이 있다는 것처럼 삶에 힘이 되는 보약은 없는 것 같다. 보고 싶은 사람을 기다리는 일, 하고 싶은 일을 이루려는 다짐이 있는 생활, 꿈을 꽃피우려는 노력, 자신감 이런 것들을 마음속으로 부르고, 다독이면 우리 모두 행복 해 질 수 있을 것이다. 정은 행복을 만들고 행복이란 우리가 살아가면서 찾아가는 삶의 보물찾기 같은 것이 아닐까. 다정이 병이란 말은 있지만, 그저 있는 그대로 서로를 받아들일 수 있다면 다정은 사랑의 포물선이 될 것이다.

난 이미 구세대인지 손자 손녀 또래들을 보면 지긋이 미소를 짓고 다정히 말 건네시는 할머니들의 헤픈 웃음이 좋다. 요즘 길을 가거나 전철 안에서 군인들을 보면 내 아들 같아 주책없이 힐끔힐끔 눈길을 보낸다. 이등병 계급장을 보면 내 아들을 알 것만 같고 괜스레 몇 개월 되었겠구나! 짐작하는 버릇이 생겼다. 외출했다가 돌아오니 아들한테 전화 왔는데 목소리가 아주 밝더라고 남편이 전했다. 딸내미가 오빠 휴가 오면 쓰라고 모자를 사놓았다며 내게 내보였다. 빡빡머리 위에 얹어질 모자가 귀여워 보였다. 아마 제 오빠가 부탁해 놓은 모양이었다.

아들을 기다리는 동안 우리 가족은 하나가 되었다. 우리는 그다지 넉넉하진 않지만, 마음을 나눌 수 있는 사랑이 있어 흐뭇하다. 하느님은 사랑을 가르치기 위해 가족을 주셨다는 말이 있다. 왠지 모를 불안과 걱정에 가슴이 타던 날도 많이 지나갔다. 집 대문을 다시 들어설 기대에 부푼 육군 이등병을 축하하기 위해 시장 다녀오는 길에 와인 잔을 식구 수대로 샀다. 무사하게 돌봐 준 조국과 잘 견뎌내 준 아들을 위하여. 푸른 이파리 하나 달기 위해 애쓴 마음에 와인 한 잔 콸콸 부어주련다.

# 까만 판잣집

어릴 적 용산의 한강 변에 살았습니다. 1960년대 초였으니까 먹고 사는 일에 품을 팔아야 했던 시절이었지요. 강가 쪽으로 까만 판잣집이 다닥다닥 붙어있어서 그랬는지 '하꼬방 동네'라 불렀던 기억이 납니다. 용산역 근처에는 큰 철도공작창과 미군 부대가 있었고, 서빙고로 가는 철길을 따라 걷다 보면 강둑 밑으로 비탈에 선 집들이 줄지어 있었습니다. 거무죽죽하게 기름 먹인 판자를 얼기설기 덧대어서 만든 판잣집들은 문이 잘 맞질 않았고, 문고리 대신 굵은 철사를 어설프게 구부려 달아놓아서 드나드는 문은 늘 삐뚤게 열려 있었습니다. 둑길에서 내려다본 지붕은 몰탄에 돌가루를 섞어 만들었는지 태양 아래 유난히 검게 반짝였습니다. 고개를 들어 올려다보이던 미군 부대의 담장과 철조망은 유달리 높아 보였고 그들의 웃음소리는 크고 자유로웠습니다.

가난한 우리들의 얼굴색과 양키 코쟁이라 불리던 군인들의 허연 얼굴빛은 확연히 달랐습니다. 철조망이 두 부류의 삶을 단단히 격리하였고, 그들은 우리를 내려다보는 데 익숙했습니다. 철길을 사이에 두고 건너편 판자촌을 바라보는 그들의 호탕한 웃음소리에 가슴은 까닭 없이 움츠러들었지요. 뭐라고뭐라고 영어로 키득거리렸고, 철길 건너편에 쪼그리고 앉아 있는 우리에게 '헤이' 하며 먹을 것을 던져주기도 하였습니다. 기차가 지나가지 않는 때를 살펴 우르르 재빠르게 주우러 가는 일은 날랜 오빠들 몫이었고, 먹을 것을 주우러 가는 눈빛은 배고픈 고양이들처럼 빛났습니다. 던져준 것은 미제 껌과 과자, 초콜릿, 운 좋은 날은 소시지 통조림도 집을 수 있었습니다. 빠닥 거리는 과자 포장지는 얼마나 예뻤는지 모릅니다.

'하꼬방 촌' 아이들의 철길 위 달음박질은 그들의 장난기와 달리 허기를 채우는 갈급한 생존게임이었습니다. 미군들은 아이들이 철조망 가까이 오면 새끼손가락을 펴 보이며 무언가를 물었고, 알아듣지 못하는 말을 눈짓발짓으로 알아낸 어떤 오빠는 예쁜 언니나 누이가 있냐는 말이라고 신나게 통역해줬습니다. 예쁜 언니를 데려오면 더 맛난 것을 주겠다는 약속으로 두툼한 초콜릿을 흔들어 보이며 언니 오빠들에게 철조망 너머로 무엇인가를 더 던져주었습니다. 그럴 때면 그들의 키득거리는 웃음소리는 더욱 크게 들려왔습니다.

그 후로 베이지색 삼각 모자를 멋지게 눌러쓴 빵코 미군 아저씨들은 예쁜 언니들과 가까이하면서 거리를 지나다녔고, 언니들의 어깨를 감싸 안고 다정히 걸어가는 모습을 보이기도 하였습니다. 나는 눈이 부셔 손으로 해를 가리고 그 모습을 물끄러미 바라보곤 했습니다.

해거름 녘이면 '하꼬방 동네'에 딸랑딸랑 꿀꿀이죽을 실은 수레가 나타났습니다. 미군 부대 식당에서 수거된 음식을 펄펄 끓여서 파는 꿀꿀이죽이었습니다. 고깃덩어리가 들어간 탓인지 꿀꿀이죽 냄새는 환상적이었습니다. 냄비를 하나씩 들고 나와 죽이 담긴 큰 드럼통 앞에 줄을 서고, 까치발로 통 안을 들여다봅니다. 꿀꿀이죽을 살 수 없는 아이들은 냄새라도 맡으려고 죽 통 근처를 얼쩡거리다가 장사꾼한테 잔소리를 얻어듣기도 하고, 모여든 사람들에게 밀려나기도 하였습니다. 먹고 싶은 마음을 어둠에 묻던 그 눈빛들이 잊히질 않습니다.

고깃덩어리 하나라도 냄비에 걸려들면 신나던 아이들. 한강에 물이 불어나 번번이 물난리를 겪고 방 벼락에 물든 흙탕물 자국을 세월 자국으로 알고 살았던 사람들. 그들의 희망은 비가 그치고, 집안에 든 흙탕물이 빨리 빠져나가길 바라는 거였으며, 하루 밥지을 쌀과 몇 장의 연탄을 살 수 있는 돈벌이였습니다. 어른들은 물론 '저 하늘에도 슬픔이'라는 영화의 윤복이처럼 껌과 신문을 팔러 나온 소년, 소녀들이 거리에 많았습니다.

큰집 오빠 언니들은 학교가 파한 후 곧바로 돈을 벌기 위해 거리로 나갔으며, 어둑어둑 땅거미 진 뒤에야 집으로 돌아왔습니다. 장사가 잘된 날에는 새끼줄 꿴 연탄 한 두 개가 손에 들리거나, 종이 봉투에 담긴 쌀이 팔 안에 안겨 있었습니다. 호주머니에 하얗고 딱딱한 눈깔사탕이 달각거리는 날은 장사가 잘된 날이었습니다. 꽁꽁 언 손으로 내밀어 주는 오빠의 알사탕은 철없이 다디달았습니다.

나의 큰어머니는 튀김이나 튀각, 옥수수빵 같은 먹을거리를 공장에서 받아다가 큰 광주리를 머리에 이고 다니며 장사를 하셨습니다. 미군들 빼고는 누구나 그렇게 사는 줄 알았습니다. 해가 훌쩍 저물고 늦은 저녁이 되어서야 판잣집에는 하나둘 밥 짓는 불빛이 새어 나오기 시작했습니다.

지금 한강 변의 풍경은 그 시절의 판잣집 사람들을 밀어내고 들어선 휘황찬란한 아파트의 물결로 별천지입니다. 강변도로는 차량 불빛 때문에 은하수 물결을 방불케 합니다. 거실에서 한강을 조망할 수 있는 집은 그 조망권 때문에 몇 억의 웃돈이 붙고, 강변 개발의 꿈을 붙들고 있는 오래된 이촌동 아파트 한 채 값이 20~30억이 넘는다고 합니다. 한강의 기적이 이런 것인지 알 수 없지만, 한강의 르네상스는 누구를 위한 르네상스인 것일까요.

사두려는 가치가 한강물의 도도한 물결에 있다면 한강은 저절로 대단한 존재가 된 것입니다. 강물도 가진 사람들의 옆을 흐르면 순식간에 도도해지는가 봅니다. 강물에 비친 화려한 야경 속에 유람선은 꿈을 실어 나르듯 욕망을 싣고 물살을 가릅니다. 교각 위의 차량 불빛들은 지상 미리내를 이룹니다.

미군부대의 장벽보다 훨씬 높아진 아파트들은 수많은 한강다리 앞에서 강물을 내려다보며 그 시절 미군들처럼 위세를 높여갑니다. 고층에서 초고층으로 새로운 탑을 만들어가고 있는 한강의 모습은 찬란하기만 합니다.

한강의 위력이 이리 경이로운데 늦은 저녁 까만 판잣집에 하나 둘 켜지던 불빛들은 다 어디로 숨어든 것일까요.

# 수행자들

동안거가 끝나는 정월 대보름, 산문을 나서는 스님들의 모습이 조간신문에 실렸다. 보리밟기가 보리 뿌리를 튼실하게 만들어 주는 것처럼 동안거는 스님들의 마음 밭을 잘 일궈주었을 것이다. 번민의 시간을 채우고 드디어 일상의 거처로 돌아가는 그들의 귀갓길을 정월 대보름달이 훤하게 비춰주고 있다.

종교인이 직업인으로 바뀌어 간다는 비판의 소리가 들린 지는 오래되었다. 사람과의 관계를 맺으며 현실에 길들어 살아가노라면 그런 소리가 나올 수도 있을 것이다. 게다가 성직자가 되려면 일반 학업 과정보다 훨씬 더 많은 기간을 거쳐야만 한다니. 성찰적 인내가 극도로 요구되는 특별한 삶의 길인 것 같다. 그 길을 마땅히 제 길이라고 서슴지 않을 젊은이들이 현저히 줄고 있어서 종교계가 비상이라는 얘기가 들린다. 부조리가 난무하는 시대에 올곧은 젊은 수행자들을 바라보노라니 마음 한구석이 따습기도 하고 짠하기도 하여진다.

흥미진진한 세상이 손안에 쏙 들어오는 스마트한 세상이다. 젊은이들에게 또 다른 세상의 언론들은 너나없이 최고의 드림 워커여야 하고, 명견이 백 리를 가는 법이라고 경쟁적으로 떠들어 댄다. 글로벌 리더가 되지 않으면 인생을 잘못 사는 것인 양 착각이 들게도 한다. 학교에서나 사회에서 자기 계발을 명분으로 젊은이들에게 물색없이 병을 주고 있는 것이다. 청춘은 아픈 것이라며 적당히 약도 잘 챙겨준다. 손가락 하나만 까딱하면 재미난 세상이 폰 안에 들어오는데 머리 깎고 산속에 들어가 면벽 수행을 다짐할 사람이 많을 리 있겠는가. 물론 고결한 삶을 지향하는 진짜 성직자들이 적잖이 있다. 다만 인류 구원을 위한 대의명분을 일생의 업으로 삼기에는 세상의 유혹이 너무나 가까이에 있다. 그러함에도 저 높은 곳을 향하여 큰길을 가는 수행자들에게 기꺼이 응원을 보낸다.

일주문을 뒤로하고 자신들이 기거하던 곳으로 돌아가는 스님들의 어깨 위로 이른 봄바람이 살랑살랑 목마를 타는듯싶다. 자기 내면의 밑바닥까지 들여다보던 지난 겨울 동안은 자신을 위해서도 중생을 위해서도 퍽 유의미한 일이었을 것이다. 매 순간 찾아드는 번뇌를 쫓고 영혼을 헹구어낼 때마다 그들이 선방에서 비워낸 것은 무엇이었을까. 공(空)이 아니라 '참'으로 채우는 작업이었을? 누구나 본디 참다운 삶을 꿈꾸며 살지만, 그 꿈을 쫓기에 현실은 만만치 않아서 말이다.

30년 넘게 수행승으로 살아온 '아잔 브라흐마'는 본래 케임브리지 대학에서 물리학을 전공한 수재 과학자였다. 과학자가 어느 순간 삭발하고 밀림으로 들어가 '아잔차'의 제자가 되어 상처받은 영혼을 구원하는 세계적인 치료사가 된 것이다. 어렵게 성취한 현실의 지위를 과감히 버리고 영혼이 이끈 삶을 선택한 경우이다. 그는 「술 취한 코끼리 길들이기」란 저서에서 욕망에 사로잡혀 살아가는 인간들을 '술 취한 코끼리'에 비유하면서 일반적 삶에서의 성찰 자세를 제시하였다. 코끼리는 초식 동물이지만 술에 취하면 거대한 욕망의 산물로 변할 수 있다는 유혹의 함정을 은유적으로 표현한 것이 아닌가 한다. 보통의 인간들은 마음 속에 술 취한 코끼리를 몇 마리씩 많게는 몇십 몇백 마리까지 품고 살아가고 있을 것이다. 술 취한 코끼리를 잘 관리하여야 선과 악이 동거하는 삶의 현실을 참된 선의 욕망으로 조화롭게 이끌 수 있다는 요지로 해석된다.

몇 년 전 아들의 졸업식 날이었다. 청년 실업이 사회 문제가 된 이즈음 취업이 안 된 학생들은 아예 나타나지 않았는지 졸업식은 조촐했다. 아들이 다니던 D 대학의 교정에는 만해 광장과 더불어 대단히 큰 코끼리 상이 있다. 졸업식을 마친 학생들과 축하객들은 이 학교의 상징물인 대형 코끼리 상 언저리에서 기념사진을 찍느라고 부산했다. 아들의 동기들과 후배들도 코끼리 옆에서 촬영 순서를 기다리고 있었다. 그런데 갑자기 코끼리 동상 위쪽으로 누군가 훌쩍 몸을 날리더니 코끼리 등에 체조선수처럼 착지하여 두 팔을 벌리고 껄껄 웃는 것이었다. 사각모 앞에 달린 수술이 급작스런 진동으로 흔들리고, 코끼리 다리 언저리에서 사진을 찍던 사람들이 그 광경을 올려다보며 적잖이 부러운 시선을 보내고 있었다. 청춘들의 흔들리는 미래를 보는 것만 같았다.

급작스런 행동의 주인공은 민망하게도 내 아들 녀석이었다. D 대학의 코끼리 상은 종교적 의미 때문에 달리 대접을 받아오고 있는 터였고, 코끼리 등에 발을 딛고 올라서는 것은 학교의 금기 사항이었을 것인데 저런 정신 나간 행동을 하는 녀석이 내 아들이라니…, 나는 놀라서 어서 내려오라는 손짓을 보냈지만, 아들의 후배들은 그 장면을 찍느라 정신없이 셔터를 눌러 대었다. 4년 동안 금지했던 행동을 충동적으로 부추긴 것이 대체 무엇이었을까? 졸업이라는 해방감이었을까? 혹독한 세상으로 내몰리는 것에 대한 학생으로서의 마지막 객기였을까? 나는 술 취한 코끼리를 떼로 만난 듯하여 무척 당혹했스러웠다.

아잔 브라흐마가 밀림으로 들어가 수행자가 되겠다고 마음먹은 것은 욕망의 코끼리가 차원 다르게 작용한 예이다. 물론 비교할 수 없는 욕망의 반작용이겠으나 그늘진 사회 안의 허기진 상황에 내몰린 젊은 코끼리들이 술 취한 코끼리 흉내를 순간적으로 낸 것이라고 우겨보고 싶다. 젊은이들이여! 함께 어울려 해 비친 평원으로 걸어 나아가는 멋진 코끼리가 되어 보자꾸나. 졸업생들이여! 술맛은 알되 술에 취하지 않는 코끼리가 되어 해 비친 평원으로 저벅저벅 걸어나가자꾸나. 사는 것 자체가 고행이라고 말들 하지만 그 고행과 고통을 잘 다스리며 살아가는 것도 수행자 못지 않게 가치 있는 인생이 될 것이니 말이다.

세상의 수행자들이여. 세상의 젊은이들이여! 그대들의 선택이 이끄는 걸음마다 새 풀 옷 밟듯 보리 빛깔처럼 청정하길 바라오. 그리고 위대한 청춘들이여! 인생도 수행의 연속임을 부디 잊지 마소서.

# 뻥

딸에게 글공부를 가르칠 때의 일이다. 밀린 일기장을 앞에 두고 둘의 실랑이가 자주 벌어졌다. 입이 부어오른 딸아이에게 도대체 며칠 전의 일도 기억해 내지 못하느냐고 다그치기 일쑤였고, 생각을 제대로 안 하니까 쓸 게 없는 것이라 나무랐다. 남다른 감성을 가진 아이의 생생한 표현을 끌어내기 위해 내가 딸아이 생각의 꼬투리를 물고 늘어진 날이었다. 생각이 궁해진 딸이 눈 딱지를 찌푸리며 내게 볼멘소리를 꺼내었다.

"작가는 순 뻥쟁이야. 나는 커서 작가 안 될래. 싫어."

제 생각에 자꾸 끼어드는 것이 못마땅하여 내게 단단히 어깃장을 놓은 것이었다. 그것은 아이만의 적절한 표현에 맛 들인 내 욕심이 키운 결과였다. 개인적 느낌을 강요하고 가르치려는 생각부터가 착오였다. 작가에 대한 꿈을 키워주려다가 작가는 고사하고 괜스레 작가는 뻥 꾼이라는 왜곡된 선입견을 갖게해 준 꼴이 되었다.

그 뒤로도 딸애의 저항은 이어졌다. 아이는 엄마의 말을 잔소리로 듣고 나는 응당할 소리라고 주장하며 꾸준히 딸의 장래 희망 쓰기에까지 간섭하였다.

초등학교 1학년 때다. 장래 희망 쓰기 난에 미스코리아라고 적은 아이에게 '그건 허영 된 꿈이니 다른 것을 생각해 보라' 하고는 생각할 겨를도 주지 않고 딸애의 손에 지우개를 쥐여 주며 방송작가나 선생님이 어떠냐는 내 생각을 말했다. 말한 게 아니라 지시였다. 꿈을 강요한 것이었다. 미스 코리아는 딸의 손에서 거칠게 지워져 나갔고, 엄마 꿈은 뭐였느냐는 볼멘 질문이 직격탄으로 날아들었다. 이쯤에서 요렇게 물어오는 것은 엄마의 꿈을 진짜 알고 싶었다기보다는 엄마는 어릴 적에 얼마나 멋진 꿈을 꾸었는지 알아보자는 수작이었다. 나로서는 뻥을 칠 절호의 기회였으나 애를 들볶고 있다는 현실이 직감되면서 자신이 없어졌다.

"나? 엄마는~~ 사회사업가가 되고 싶었지."

나는 멋쩍게 입을 열었다. 딸애는 어이없다는 듯이 나를 쳐다보았다. 무슨 사회사업을 이런 식으로 이상하게 하고 있느냐는 표정이었다. 어차피 꿈은 뻥튀기라는 것을 어미 스스로 증명해 보인 셈이 되어 버렸다. 그러거나 말거나 나는 시치미를 떼고 아무튼 미스코리아가 아닌 다른 꿈을 가져보라고 끈질기게 회유하였다. 아니 꿈을 바꾸어 쓰도록 강요했다.

일기장 검열이 공공연한 때였다. '엄마에게 혼난 일'이라는 딸아이의 일기 제목을 발견하고 흠칫 놀랐다. 지가 혼난 이유는 오간 데 없고 엄마의 자비 없는 행위만 두드러져 있었다. -엄마는 30센티 자와 빗자루로 나의 다리와 머리, 가랑이 같은 데를 마구 때렸다- 세상에 야구경기 장면도 아니고 마구잡이 훈육 장면을 거침없이 일기장에 폭로한 것이었다. 눈앞에 생생히 그려지는 장면 묘사를 대체 어찌 수습할 것인가 고민이 되었다. 일기장에 쓰인 대로라면 나의 점잖은 모습은 오간 데 없고 몰상식한 모습만 고스란히 드러난 것이다. 그 순간 담임선생님 얼굴이 떠올랐다. 이걸 보시고 어미를 어찌 생각할까, 혹시 나쁜 계모로 오해하고도 남을 수치심과 민망함에 아연실색했다. 실감나게 써 놓은 채벌 장면을 그대로 놔둘 수는 없는 노릇이었다. 물론 딸애는 그 부분을 뜯어내고 다시 쓰는 지겨움을 겪어야 했다. 일종의 언론 탄압이었다. 교육을 빙자한 엄마의 권력 남용은 실상 그때부터 슬슬 무너지고 있었던 것 같다.

어느 날 딸애는 글짓기대회의 최고 상장을 받아와서 대수롭지 않게 반으로 접어 뚝 내밀며 내게 한술 더 뜨는 말을 하였다.

"선생님들은 진짜 바보인 것 같아, 내가 글짓기에 잔뜩 부풀려서 써놓으면 아주 잘했다는 거야, 정말 웃겨 어른들은."

이쯤 되면 어느 분의 말씀대로 막가자는 거 아닌가 싶어 얼굴이 화끈거렸고, 그다음 말을 이어가기가 난감하였다. "어른들은 정말 웃겨…." 대체 이 말을 어떻게 풀어가야 할까 고민하다가 이 세상에 웃기는 어른들이 어디 한둘인가 싶어 쉽게 입을 열지 못하였다. 나부터 당장 웃긴 엄마가 되어 있었으니 말이다. 여하튼 가르침에 대한 순 작용인지 역작용인지 알 수는 없지만, 딸애는 제가 원하든 원치 않든 간에 뺑쟁이가 되어가고 있다는 직감이 들었다. 그 뒤로 나는 딸의 글공부에서 완전히 손을 떼었다.

뻥이란 거짓의 속된 표현이지만 적절하게 부풀리면 유머러스한 역할을 하기도 한다. 문학영역에서 고상하게 활용하면 멋진 상상력의 가치를 발휘할 수 있다. 소설가나 이야기꾼이 늘어놓는 허구 즉, 글 뻥은 문학 구성의 필요충분조건이 된다. 뻥도 꿈과 닿으면 누군가의 야망이 되고, 뻥을 잘 배열하는 작가는 역작을 내기도 하니 뻥도 그럴싸하게 잘 치고 볼 일이 아닌가.

오래전 아이들과 가족 여행으로 사이판엘 가자는 약속을 했다. 그다음 해 찾아온 IMF 위기로 그 꿈은 기약 없이 유예되었다. 하지만 애들은 몇 년간 남태평양에서의 호핑을 꿈꾸며 즐거워하였다. 경제 위기만 오지 않았더라면 이뤄냈을 뻥이라고 지금도 애들에게 우기고 있다. 그것도 모자라 5년 뒤 유럽의 고성을 한 달여간 돌아볼 것이라는 말풍선을 다시 띄웠다. 나의 뻥은 빡빡한 삶의 갈피에 꽂아 놓는 꿈의 다른 표현이기도 하다. 정치도 인생도 뻥의 연속이듯 여기저기서 놀라운 일이 자주 뻥뻥 터지고 있다. 놀란 가슴 움켜쥐고 살기 위해서는 뻥일지라도 저마다 꿈을 향한 깃발을 내려놓을 수 없지 않을까.

딸애의 작가에 대한 이미지는 그다지 수정되지 않았다. 학교 생활 기록부의 장래 희망도 내 기대에 크게 벗어나지 않았다. 수필을 주적거리는 나에게 문장 쓰기에 대한 조언을 해주기까지 한다. 영문학을 전공하면서 은근히 내 글에 간섭하기 시작한 것이다. 이건 반전이다. 어머니의 권위보다 엄마라는 권력에 충실했던 시간이 이제 와 서먹해진다. 엄마를 불만스럽게 올려다보던 딸애의 눈빛과 내 눈빛이 맞닿는다. 오히려 요즘은 삶에 지친 나를 응원한다. 꿈을 강요한 대가로는 넘치는 결실이지 않은가 싶다. 품 안의 자식이 어느덧 자라서 제 품을 넓혀가는 것 같아서 순간적으로 기분이 뻥해진다.

딸이 호주로 어학연수를 떠나기 며칠 전날, 나를 일본으로 납치하겠다고 남편에게 선언을 해왔다. 비행기 환승지가 일본이어서 며칠간 엄마와 여행을 하고 싶다는 것이 딸애의 요지였다. 엄마의 여행 경비도 걱정하지 말라는 딸애의 얘기를 들으면서 나의 사이판 여행 뻥이 다시 한 번 납작해지는 순간을 맞았지만 나는 태연한 척했다. 남편은 아들놈 밥상까지 기꺼이 자신이 차려주겠노라며 눈이 벌게지도록 눈물을 흘렸다. 딸애의 납치계획에 감동한 것이다. 여행 허락을 염려했다가 아빠의 신파적 반응에 놀란 것은 오히려 딸 쪽이었다.

구름 밭 위를 소리 없이 날아가는 비행기 창가로 눈에 덮인 대한민국 땅덩어리가 점점 손바닥만 해졌다. 두 손바닥에 받쳐 들기도 하고, 두 팔 안에 안겨들기도 하던 꼬맹이가 어느새 어른처럼 커버렸다. 뻥쟁이가 되지 않겠다던 당돌한 눈빛을 내게 맞추며 지금 하늘에서 나를 호위하고 있다. 제 말대로라면 나는 뻥쟁이가 된 것이고, 딸은 지금 뻥쟁이를 데리고 하늘을 날고 있다. 아무래도 내 뻥에 바람이 더 들 것 만 같다.

# 바람아,
# 너는 계속 바람일 것이다

## 1. 그 남자

그 남자는 전기 기사였다. 감전사고로 양발을 잃고 운전까지 하면서 살아가고 있었다. 양팔을 잃은 그에게 손이 있을 리 없고, 손 없는 사람에게 지문이 있을 턱이 없다. 그러나 지문을 찍어야만 장애인 혜택을 받을 수 있다는 선심성 행정은 그에게 무용지물이었다. 의수로 운전해야 하는 그는 당연히 지문을 찍을 수 없었다. 그가 고속도로를 달릴 때는 아내가 동승을 해야 했다. 어처구니없는 맷돌을 돌리라는 것이나 다름없는 허울 좋은 행정에 대해 그가 하소연을 하고 있었다.

그의 아내는 바람이 많이 부는 현장에서 양팔 없는 남편의 옆에 바짝 붙어 있었다. 남편의 하소연을 잘 전하려 남편 손과 팔을 대신하여 마이크를 그의 입가에 대주고 있었다. 남편의 양어깨는 아이처럼 왜소했다. 두 팔 모두 잘려져 나갔기 때문에 어깨가 유난히 좁아 보였다. 거기에 헐겁게 걸쳐진 티셔츠의 빈 팔은 민둥한 어깨에 붙어서 빈 주머니처럼 너풀거렸다.

겉옷에 붙어 덜렁거리는 쇠막대 같은 그의 인공 팔이 아프게 따라 흔들렸다. 인공 팔과 의수는 외출 시 어깨에 걸치는 신체 도구였다. 불의의 사고로 몸의 불편함을 감수하는 일은 개인적 운명이라 치더라도 그런 삶을 살아가는 장애인의 사정을 배려하지 못한 행정의 현실은 그들을 더욱 기운 떨어지게 하였다. 팔이 없는 사람에게 지문을 찍으라는 것은 이솝우화에나 나올 법한 일이 아닌가. 남편의 손이 되어주고 있는 마이크 잡은 아내의 손 각도가 바람에 밀려 점점 벌어지고 있었다. 남편의 몸체에 달린 티셔츠의 빈 팔은 바람 속으로 걸어가듯 신나게 흔들렸다. 그 남자의 목소리는 평정을 잃지 않고 부조리한 상황을 잘 전달하고 있었으나 그의 빈 팔은 바람에 아우성을 치듯 흔들렸다.

2. 그 여자

지인이 보내온 동영상 속의 한 여인은 바닷가 개펄에 선 채 발가락으로 능수능란하게 조개를 캐었다. 펄 속을 뒤져 발가락으로 게를 잡고 잡은 것을 발가락으로 소쿠리에 담았다. 소쿠리에 달린 줄을 입으로 집어 들어 어깨에 바짝 걸치더니 유유히 걷기 시작하는 그녀. 양팔이 없는 탓으로 그녀의 상의는 비어있었지만 반소매 옷이라 바람의 저항을 크게 받지 않았다. 그다지 흔들리지 않는 팔에 소쿠리가 매달려왔다.

그녀는 집 대문 앞에 도착하자 소쿠리에 담긴 키를 발가락으로 미끈하게 집어 들어 자물쇠를 열고 안으로 들어갔다. 그런 다음 대야를 입에 물고 나와서는 거치대에 대야를 올려놓는다. 입으로 물을 퍼 담은 다음, 발로 비누칠을, 발가락과 뒤꿈치를 이용하여 얼굴 구석구석을 비벼가며 세수를 마쳤다. 발가락에 잡힌 수건으로 얼굴을 말끔히 닦아내었다. 거울 앞에 앉아 빗질을 하고 머리핀을 새로 꼽으며 저녁 세안을 마무리하는 모습은 경이로웠다. 물론 그녀의 행동은 모두 발가락으로만 하는 것이기 때문이다.

부엌으로 자리를 옮겨간 그녀는 작은 성냥갑을 열더니 성냥 한 개비를 집어 불을 그어 아궁이에 불을 지피고 가족의 저녁 식사를 준비하기 시작하였다. 동영상을 보는 내내 입을 다물기가 어려웠다. 그 여인의 표정은 아주 밝았고 행동도 일반인보다 느리지 않았다. 손의 기능을 발가락이 전담하는 과정은 일체 부드러웠다. 원래의 기능처럼 조화가 잘 이뤄지고 있었던 것이다 .

그녀는 반찬을 만들기 위해 부뚜막에 반찬 그릇들을 올려놓더니 빈 그릇에 달걀을 풀어 양념하고 그것을 싹싹 저어 프라이팬에 턱 부운 뒤 계란말이 요리를 매끈하게 해내었다. 더욱이 모든 행동을 발로하기 때문에 그녀의 몸은 발과 100도 이상의 각도를 이뤄 뒤로 저친 채 움직이고 있었다. 멀쩡한 식구들의 요리를 준비하는 그녀 표정에서 빈 팔의 쓸쓸함은 오간데 없었다. 여인은 이미 팔을 잃기 전의 일상으로 되돌려 놓고 행복해하였다. 내 눈이 의심스러웠다.

막히면 돌아가는 지혜를 구한 것이리라. 구정물까지 받아내는 상선약수의 덕을 깨달은 그녀의 마음가짐은 어디에 있는 것일까. 질서 있게 부엌일이 끝나고 가족이 식탁에 둘러앉았다. 그녀는 능숙하게 발가락으로 잔을 받아 가족과 건배를 하고 발가락으로 삶은 게를 척척 까서 남편에게 건네었다. 발과 발가락으로 능란하게 일상을 꾸려가는 그녀의 빈 팔이 대단해 보였다. 신체의 가장 구석진 곳에서 묵묵히 몸의 하중을 지탱해 주는 작은 관절들의 수고에 전율이 느껴졌다. 세상 끝까지 살아갈 힘이 발가락 관절에 있는 것이었다.

절망을 희망으로, 희망을 행복으로 변모시킨 그녀가 저녁을 마치고 재봉틀에 앉았다. 왼 발가락을 재봉틀 판에 올리더니, 왼쪽 발가락으로 바늘에 실을 꿴 다름 오른 발가락으로 실을 받아 내어 잡아두고, 다시 왼발가락으로 바늘이 올려진 노루발 뒤쪽 버튼을 달칵 내리며 발을 굴려 재봉질을 하였다. 그녀의 엄지발가락은 이미 둥글둥글 단단해졌음에도 매우 민첩하였고, 탄력 있는 말랑함으로 손의 경계를 허물고 있었다. 그녀의 팔 없는 고통은 어디에도 없었다.

### 3. 바람과 물

노자가 말한 물의 일 곱 가지 덕이 생각났다. 무심한 물의 물리적 반응을 노자는 철학적 인생관으로 이해하였다. 삶의 지혜로 발현시킨 한 도인의 혜안은 세월이 지나도 응당한 규범처럼 우리를 가르친다.

금강 둑길을 산책하다가 물결이 거세게 흔들리는 것을 보았다. 바람이 거칠게 지나가는 것이 아니라 물이 세차게 흔들리는 것이었다. 보이지 않는 상황에 대한 주체적 해석이 다를 수 있는 경험이다. 물은 주체적으로 행동하는 것이 아니라 지형과 자연의 상황에 반응할 뿐인 것을, 다만 상황에 따라 유속을 달리할 뿐이다. 물의 철학적 지향은 '낮은 곳으로 흐르는 것에서 발견하는 겸손과 막히면 돌아가는 지혜, 구정물까지 받아내는 포용력 등을 포함한다. 어느 그릇에나 담기는 융통성, 이내 바위도 뚫는 처절한 인내와 끈기, 장엄한 폭포가 되어 흐를 때 단호하게 투신하는 비장한 용기, 유유히 흘러들어 바다를 이루는 산 같은 대의' 등이 있어 상선약수나 상선 치수의 초연한 삶을 일컫게 되는 것이다.

일상에서 추구한 노자의 범인류적 혜안과 철학적 사고 덕분에 세상이 돌아가는 것일 게다. 성자가 된 거지의 예처럼 졸부의 삶도 사상으로 꽃필 수 있다. 평범한 한 여인의 비범한 삶이 성인의 도를 능가한 예를 발견하면서 나는 큰 강물의 대의를 떠올렸다.

흔들리지 않고 피는 꽃이 세상에 없고, 화려한 꽃송이를 버리지 않고 열매 맺히는 일 또한 없다. 절망은 사람을 단련시키고 희망은 사람을 성장시킨다 하지 않는가. 인생이란 슬픔과 기쁨이 조화롭게 모자이크되면서 귀한 가치를 체득해 가는 인생수업이 아닐까 생각해본다.

빈 팔의 남자와 빈 팔의 여인에게서 삶을 사랑하는 모습을 보았다. 두 사람의 빈 팔 안에 든 바람은 생명력이며 진정한 삶의 에너지라고 믿고 싶다. 바람은 빈 팔의 남자와 여자의 빈 팔 안을 제집처럼 들락거리면서 대체 무슨 생각을 하였을까. 바람아! 너는 네가 말하고 싶은 것을 우리가 알 때까지 너는 계속 바람일 것이다.

# 시렁 그네

# 겨울새 발자국

이른 새벽, 큼직큼직한 눈 그림자가 창가에 어른거렸다. 소한 추위에 방구들을 지고 누운 채 펑펑 터지는 눈을 바라보니 이불 속에서도 코끝이 시려 왔다. 한파와 폭설로 차량 소통이 원활하지 못할 것이라는 뉴스가 눈발처럼 날아들었다. 전날 스키 장비를 차에 실어 놓고 날이 밝기를 기다리던 남편이 '폭설 주의보'란 소리에 몸을 벌떡 일으켜 세웠다. 하지만 몇 분 간격으로 알리는 차량정체 소식에 낭패한 듯 도로 누워버린다. 폭설 주의보가 내게는 낭보였지만, 그에게는 비보가 된 모양이다.

폭풍우처럼 빠르게 몰아치던 눈발이 머뭇머뭇하여 창을 열어 보았다. 가로수 나뭇가지마다 흰 목도리를 두른 눈꽃 가지들 때문에 거리가 화사하였다. 집 담장과 계단을 따라서 지붕에도 그새 눈이 소복 쌓였다. 아무도 밟지 않은 숫눈길, 그중에서도 도심 속 구중궁궐을 걷는 맛은 수려하기 그지없으리라. 고궁 근처에 사는 호사를 이때나 누리자 싶어, 잔가지 옮겨 앉는 겨울새처럼 내 마음이 조급해졌다.

겨울이면 아예 시즌권을 끊어놓고 시간만 나면 스키장으로 달려가는 남편이 폭설 주의보에 어쩔 수 없이 스키계획을 접고 출근을 하였다. 토요일 오후, 어차피 스키장은 못 갈 것이니 창경궁이나 걷자고 남편에게 전화를 걸까 말까 망설이다가 용기를 내었다. 사소한 오해로 시작해서 한동안 서먹했는데 남편은 뜻밖에 나의 제의를 받아드렸다.

두툼한 외투를 챙겨 입고 나선 궁궐 길. 그 길에서 오랜 세월과 벗한 늙은 홍매화 나무를 만났다. 한 자리에서 몇 백 년을 살아낸 흔적으로 가지가 굵어졌고, 잘려나간 가지에는 거친 세월이 옹이로 남았다. 옹이는 가지가 잘려나간 상처이지만 옆으로 새 가지를 키워내는 그루터기 노릇을 단단히 하고 있었다. 우리도 사는 동안 마음 안에 보이지 않는 옹이를 얼마나 많이 지니고 살아가는가. 남편과 나 사이에 불었던 찬바람처럼 생~하게 바람이 일자, 겨울새가 알을 품듯이 옹이 위에 앉았다가 다른 나뭇가지로 포르르 날아간다.

명정전으로 들어가는 길목, 옥천교 옆으로 앵두나무가 줄을 지어 서 있다. 하얀 앵두꽃이 가지 위에 무수하게 피어나고, 무채색의 미려함에 이끌린 내 마음 안에도 화해의 초롱불이 밝혀진다. 남편은 설경의 상쾌함 때문인지 연신 호흡을 가다듬고 나는 어색해 설경에 눈길만 주었다. 설궁이 되어버린 명정전 앞은 새하얀 융단을 깔아 놓은 느낌이다. 복잡했던 마음이 눈발처럼 시원해진다.

사람들의 발길이 닿지 않은 품계석 위에는 백설기처럼 눈 방석이 깔렸다. 각 전각 위에 얹어진 기와 굴곡은 거대한 흑백 건반이 되어 설신(雪神)의 연주를 기다리는 듯하고, 처마를 받쳐 든 추녀 끝은 활처럼 휘어져 광대한 현악기를 연상케 하였다. 궁중 제례악이라도 튕겨낼 듯 추녀 끝의 묵중한 적요가 백설 속으로 무량무량 스며들었다. 우리 뒤를 따라오던 눈 밟는 소리도 고요히 눈발에 묻혔다.

내 결혼식 날 첫눈이 왔었다. 혼례식 날 첫눈이 오면 잘산다는 말을 꺼내며 분위기를 띄우던 친구의 말이 떠올라 헛웃음이 났다. 고개를 수그리다가 남편의 팔을 살짝 끌어내려 팔짱을 끼었다. 이런 경우 남편이 먼저 말을 여는 경우는 거의 없었다. 춥다는 말을 먼저 건네면서 얼굴을 쳐다보았다. 남편은 느낌을 알면서도 눈길을 다른 데 두고 있었다. 나는 둘 사이의 거리를 좀 더 좁히며 춘당지 쪽으로 걸어갔다. 평소보다 다소 적극적인 내 태도에 그이의 팔뚝이 묵직이 감겨들기 시작하였다. 남편은 군말 없이 어색하게 미소를 흘렸다. 설경에 미혹한 까닭인지 몰라도 그 정도면 무뚝뚝한 사람으로서는 발전된 반응을 보여준 것이다. 한동안 둘 사이를 갈라놓았던 찬바람이 훈풍이 되려나 보다.

천천히 걷다 보니 하얀 눈과 대비되는 까마귀밥 빨간 열매가 눈 쌓인 숲에서 돋보였다. 아까 날아갔던 녀석들인지 산비둘기와 까치 여남은 마리가 우리 앞으로 몰려들었다. 눈 덮인 땅 위에 머리를 맞대고 붉은 발목이 시리도록 돌아다녔다. 그중 한 녀석은 다리를 다쳤는지 뒤뚱뒤뚱 걸음을 내딛다가 이내 머뭇대곤 하였다. 그 녀석은 혼자 눈 쌓인 벤치로 자리를 옮겨 앉더니만 훌쩍 일행 곁을 떠나갔다. 포물선을 기울게 그으며 날아가는 것을 보니 다리를 다친 것이 분명해 보였다. 아픈 놈만 외톨이로 날아간 것이다. 눈앞에서 어른거릴 때는 무심했는데 종종종 선명하게 눈밭에 찍힌 발자국을 보고 나서야 가슴이 사뭇 짠해 왔다. 성치 못한 녀석의 발자국은 자국조차 애잔하게 뒤뚱거렸다. 아픈 새가 먹을 것을 찾느라고 눈밭을 헤치고 다닐 적에는 미처 알은 채 못하였다. 그때 나는 커피를 뽑으려고 동전을 찾고 있었다. 그러는 사이에 남편이 언제 뽑았는지 내게 커피를 내밀었다. 진작 마음 써주지 못한 서운함이 눈밭에 찍힌 아픈 새의 발자국 앞에 묶여버리고 말았다.

남편과 사소한 일로 다툼이 시작되어 마음 고름을 풀지 못한 채, 속 그늘만 넓혀가던 지난 한 해였다. 어긋났던 시간 동안 날아간 겨울새처럼 나는 혼자 얼마나 허둥댔던가. 허름한 마음으로 내가 허둥댔던 만큼 남편도 아픈 새의 발자국처럼 힘들었을 것이라는 생각이 서먹한 마음 안으로 흘러들었다. 쓸쓸한 생각이 초롱불을 켜놓은 마음 안에 내려앉았다. 아픈 상처를 절뚝이며 삐뚤게 날아간 겨울새가 자꾸 눈에 밟혔다. 폭설 주의보 때문에 우연히 함께 걷게 된 눈길에서 남편은 내 손을 자기 주머니 속에 깊숙이 집어넣었다. 그리고 눈처럼 조용히 걷기만 하였다.

# 무진장 행복한 버스

"아, 얼릉 타쇼!"

전주행 버스 출입구 앞에서 웬 남자의 목청이 내 등을 떠밀었다. 까닭도 없이 애먼 사람 다그치는 것에 어안이 벙벙하였다. 조금 전 표 끊을 때도 다짜고짜 어디서 왔소? 어디로 가요? 하며 남의 행선지를 묻던 목소리와 같았다. 가만히 보니 그는 내가 타려는 전주행 버스 운전기사인 모양이다. 맞아, 조금 전에 내가 터미널 안내판을 카메라에 담으려고 잠깐 밖으로 나갈 때도 내 등에 대고 어디 가요? 하고 벼락같이 소리치던 그 목소리와도 같았다. 이곳은 무연고지여서 나와 상관없는 일이라 여겨 무심코 들었는데 쫓아다니며 참견하는 모습에 뜨악하였다. 차 시간을 놓칠지 모르는 나그네 걱정 때문이라고 이해는 하였지만 지나친 오지랖이 아닌가 싶었다. 기골이 장대한 소리쟁이 기사 양반은 차를 분주히 오르내리더니 밖에 대고 또 시끄럽게 소리치고 있다.

"얼릉 덜 탔쇼! 인자 곧 떠낭께, 어서~"

승차를 서두르라는 재촉이다. 부릉부릉 시동을 걸어두고 곧 떠날 듯 분위기를 잡으며 표를 걷기 시작하였다. 참말로 손님 겁주는 것도 아니고, 별나게도 수선을 떠는 양반이라고 생각하였다.

나는 장맛비 탓에 우중산행의 맛을 제대로 느끼지 못한 채 덕유산에서 내려온 참이었다. 일행은 숙소가 있는 장수로 떠나고 나만 장계 시외버스 터미널에 덩그마니 남겨졌다가 전주행 버스에 오른 것이다. 그리운 것들은 다 산 뒤에 있다고 하던가. 조금 전까지 함께 웃던 사람들이 합심해서 산 뒤로 숨어버린 느낌이 들었다. 무연한 곳에서 느껴지는 낯선 불안이 묘한 자유로움과 교차하였다. 운전사의 지나친 간섭 때문에 불편해진 마음을 부릉거리는 버스 차창 밖으로 내보내고 있었다.

완행버스의 행선지 안내판이 보였다. 무주, 진안, 장수. 낯선 곳이지만 귀 익은 마을 이름들 밑에 무심히 앉아 있는 사람들의 모습이 창틀 속으로 들어왔다. '무진장 행복한 버스'라는 문구를 앞뒤에 단 직행버스가 터미널 안으로 진입하고 있었다. 그 차에 오르는 손님들을 무진장 행복한 곳으로 데려다주겠다는 약속 같아 눈길이 따뜻해졌다. 이러쿵저러쿵 세상사에 끼어드는 게 미덕이 된 요즈음인데, 세상일에 참견할 시간 없이 햇볕에 그을린 촌부들의 모습이 창밖으로 보였다. 이러저러한 군말을 가을 콩깍지 날려 보내듯 던져버리고, 잠을 아껴 가며 논두렁 밭두렁을 다듬어온 사람들. 불만을 할라치면 끝도 없을 농부의 삶을 아리랑 고개 넘어가듯 술술 살아온 소박함이 구릿빛 살결에 그대로 새겨 있었다.

그을린 주름 골로 햇살이 고여 들었다. 노인들은 바쁜 기색 없이 한가롭게 버스를 기다리고 있었다. 그 모습을 바라보니 혼자라는 불안감이 점차 여유로움으로 이완되기 시작하였다. 60대 초반의 아주머니가 마지막으로 차에 올랐다.

"아이고, 운전사 양반, 오늘 또 보요 잉. 그래도 반갑소."

넉살 좋은 그녀는 비 막이로 둘러썼던 머릿수건을 벗어내어 배낭에 묻은 흙을 탁탁 털어내며 기사에게 말을 건넨다.

"뭣을 그리 - 들도 못할 정도로 많이 챙겼소, 아짐씨?"

운전사가 그녀의 말을 받으며 버스는 장계 터미널을 빠져나왔다. 기사는 어제 대구에서 자고 아침에 장계로 왔고, 지금 전주로 가지만 다시 대구로 돌아가야 할 길이 퍽퍽하다며 시시콜콜하게 자신의 고단한 심사를 아주머니에게 전했다.

"시상에 노무 돈 먹기가 어디 쉽간디? 쌔가 빠지게 일해야 돈이 안 나오요! 그놈의 징한 돈 돈! 나도 밭에서 여태 일하다가 점심도 못 먹었더니 아이고, 기암해 죽것소."

그녀는 자신의 신성한 노동 시간을 과시라도 하듯이 야무지게 말했다.

"점심시간이 한 참 넘어부렀구만! 왜 여태 점심밥을 안 잡샀소? 아이고 돈 애낄라고 그랬구만. 밥도 먹으면서 일을 해야제! 다 먹고살자고 하는 일인디, 안 그요?"

운전사는 인생을 빗대며 그녀의 말을 이어받았다.

"무장 비가 오 네잉, 그나저나 빗길 조심하고 애쓰쇼. 도로 대구까지 갈라믄."

아주머니는 기진한 중에도 속 깊은 말을 전하고 있었다.

참견과 관심을 섞어가며 삶의 애환을 주고받는 그들의 대화에는 계산이 없어 보였다. 기사 양반이 집요하게 내게 묻던 말도 서울 나그네를 챙겨주려 한 일이란 생각으로 고쳐먹었다. 자기 차에 탈 손님이라는 이유로 생면부지 사람에게 신경을 곤두세운 그 따사로운 친절을 높이 사기로 했다.

남편은 서울 생활을 접고 익산 웅포에 내려가 살고 있다. 월말 부부가 된 것이다. 익산 터미널에서 내려 남편이 사는 마을로 찾아가기 위해서 시내버스 승차장에서 한 시간쯤 기다려야 했다. 서울서 직행했으면 세 시간이면 닿을 길을 무주를 거쳐 전주로 돌아오느라 어느덧 하루해가 다 기울어 버렸다. 그나마 기사 양반의 넓은 오지랖 덕분에 여기까지 찾아온 것일 게다. 덜커덩거리는 시골 버스 안에서 수다쟁이 아주머니와 전주행 기사 양반과의 유심한 대화를 되뇌어 보았다.

"그나저나 빗길 운전 조심하고 애쓰쇼! 도로 대구까정 갈라믄."

여느 때는 역까지 마중을 나오던 사람인데 손님이 온다는 이유로 오늘따라 혼자 찾아서 오란다. 기사 양반과 아주머니의 마음 씀씀이가 남편보다 나은 구석이 있지 않은가. 마을 어귀에 내리자 다시 빗방울이 비쳤다. 나는 배낭을 앞으로 고쳐 매고 우산을 폈다. 비바람에 떨어진 능소화 떨기가 아랫집 담벼락 밑에 수북하였다. 수국도 비에 젖어 뭉실한 얼굴을 살포

시 숙이고 있었다. 남편이 사는 시골집 앞마당에 들어서면서 나는 개선장군처럼 소리를 질렀다.

"나 왔소!"

마당에는 이미 바비큐 향이 물씬하였다. 담장 넘어 주황빛 능소화가 넝쿨 져 오르며 줄줄이 우릴 넘어다보고 있었다. 무진장 행복한 버스의 종착역에도 이처럼 여름꽃이 만발해 있을 것이었다.

# 시렁 그네

누군가를 청산처럼 사랑할 수 있을까? 전등사를 짓던 대목장(大木匠)은 사하촌의 주모와 사랑에 빠진다. 멋진 집을 지어 아롱다롱 살자 하던 주모는 그러나 공사 막바지에 이르러 야반도주해 버린다. 사랑의 배신자를 그대로 보낼 수 없었던 대목장은 쪼그려 앉은 나부상(裸婦像)을 조각하여 평생토록 대웅전 처마를 떠받치게 한다. 대목장의 비껴간 사랑은 그렇게 아픈 전설이 되어 참회의 정물로 전등사에 남겨지게 되었다.

여주에 가면 목아(木芽) 박물관이 있다. 오백 나한과 부처를 조각한 도편수의 피멍 든 손을 그곳에서도 보았다. 나부상을 조각하여 성불시킨 대목수처럼 고묘한 손이었다. 대작들을 보면서 나무와 신적 교감이 이룬 작업이라는 생각을 하게 되었다. 도편수와 목신(木神)의 운명적 결합이었다.

처자식을 떠나와 짓는 절간 터는 목수(木手)와 목신이 수없이 접신했을 공간이라 여겨졌다. 날짐승 들짐승들의 교접을 신이 허락한다는 한밤중, 산속 동물들의 애무소리 스적이는 절간 야경은 신어미의 품이 되어 그들을 온전히 끌어안았을 것이다.

한 절에 이삼 년씩 머물러야 하는 대목장의 절 일은 도를 닦는 수행과도 같다. 그들의 절대 고독감을 세인이 어찌 헤아릴 수 있을까만, 인생의 반을 산중에서 지내야 하는 그들의 숙명적 적적함은 어느 정도는 헤아려진다. 나무를 반려자로 삼아 가슴 속에 들어찬 공허감을 장인정신으로 채워갔을 터였다.

비자림 속에 숨겨진 고찰 불회사(佛會寺), 그곳에서도 그런 수행의 흔적을 엿볼 수 있었다. 세상의 비바람은 무주공산 어디에나 세월 자국을 드러내는지, 불회사 대웅전의 대들보에도 금을 쩍쩍 벌여 놓았다. 인적 드문 산속에서 거센 칼바람을 내려 앉힌 절간 용마루와 그것을 굳건히 떠받치는 힘은 대체 무엇이었을까. 나무와 도편수가 한 세기간 지켜내고 있는 밀애 탓이었을까. 도편수의 절대 고독이 신성을 이룬 법당에 기대서서 오래간만에 나의 흐려진 생각들을 다잡아 본다.

큰 나무를 보면 엎드려 절하고 싶다는 어느 시인의 마음이 그들과 같았을까. 도편수들은 나무를 함부로 베지 않는다. 나무를 신의 경지에 두고 정결한 의식으로 제를 지내고 재목을 고를 때도 쓰임에 맞는 나무를 신중하게 고르는 것이다. 나무를 베고 난 후에도 그 둥치에 소금과 흙을 덮어 고목의 쓰임새에 감사하는 마음으로 정성껏 절을 올리고, 주춧돌 위에 세우는 기둥감이나 대들보는 나이테를 보고 나무가 살아 있을 때의 방향대로 세운다고 한다. 나무가 생시 적 제 몸의 기억을 잃지 않도록 배려하기 위함이라니 나무에 대한 예우가 지극하지 않은가.

나무를 다스리는 도편수들의 망치 소리는 높낮이마저 없다고 한다. 나무의 몸을 다루는 그들의 예법이 예사롭지 않은 탓이다. 민흘림기둥이나 배흘림기둥에 가슴을 대어 보면 나무의 기 흐름이 들린다고 하니, 이 또한 나무를 다듬던 때의 심기로 듣기 때문이 아닐까 싶다.

목수는 아버지처럼, 때로는 연인처럼 나무의 몸을 정성껏 돌본다. 절간의 대들보가 되든지, 해우소의 칸막이로 쓰이든지 간에 나무의 환생은 여러모로 도편수의 몫이 된다. 나무를 잘라내는 톱날의 힘보다 그것을 쥔 목수의 손길이 나무의 운명을 좌우하기 때문이다. 애당초 질시와 미움을 모르는 순전한 나무가 대목장에 의해 고통스러운 나부상의 운명을 떠받게 되는 것도 나무의 지고한 순응성 때문이리라.

목수에게 부림을 받은 것이 나무의 운명이라면, 나무의 기억을 이어주는 일은 도편수의 숙명이다. 나무를 베어낸 것이 그들의 업보라면, 나무의 혼줄을 이어 매는 과정 또한 그 업을 닦는 과정이리라. 대들보를 지탱하기에 알맞은 기둥목을 찾아 기 맞춤 하는 일은 절대 쉽지 않다. 흐트러짐 없는 바심질 끝에 얻어지는 대목수의 염원 같은 것이다. 대목장이 불사한 절의 천 년은 도편수의 바심질로 떠받쳐지는 것이나 다름이 없다. 나무는 그와의 기 맞춤을 천 년의 약속처럼 완고하게 지켜내고 있음일 터이고.

절 마당에 바람이 놀고 있다. 비질 자국이 선명한 산사 마당은 순간 바람 놀이터가 된다. 바람을 일러 숲이 우는 소리라고 누가 말했던가. 울며 불며 수 천 년을 살아 낸 다도면의 비자나무 숲은 여전히 불회사 절터 주위에 우뚝하다. 나무처럼 겸허히 살아내지 못한 나의 가슴으로 바람이 스산하게 불고 있다. 고적한 절간을 서성거리다가 살그머니 대웅전 뒤 안을 드려다 본다. 기다란 대나무 시렁이 시렁 가래에 매달려 있다. 그 위에 나뭇잎이 군데군데 얹혀서 흔들린다.

대웅전 뒷벽에 달린 그 시렁이 왠지 낯설다. 흙 한 줌, 나무 한 그루의 생명도 허투루 여기지 않았을 도편수들, 사랑을 잃고도 나무에 쏟는 지고한 그들의 집념, 그 외곬 사랑의 혼이라도 도량에 쉬어가라 매단 것일까. 나무를 사랑하다 죽어간 대목장들의 혼이 시렁 그네를 타고 있는 듯 보인다. 시렁 위에서 흔들리는 건 낙엽인가 시렁인가. 사랑이란 이처럼 낯설게 다가왔다가 부질없이 마음만 부려놓고 떠나가는 시렁 위의 바람 같은 것은 아닐는지. 그래도 마음속에 흔들리는 시렁 하나 걸어 두면 어떠하리.

# 달빛 초상

황금빛 반달이 드리운 밤, 짐 더미를 싣고 모래밭을 터벅이는 낙타처럼 쓸쓸하면서도 후덕한 달빛 속에는 어머니의 초상도 있고, 아버지의 눈물도 배어 있다.

아버지는 열 살 때 부모님을 한꺼번에 잃으셨다. 어린 마음에 엄마가 보고 싶어 동지섣달 매서운 바람 속에서 엄마를 찾아다녔고, 어머니 얼굴도 가물가물한 세월을 살아왔다고 아버지는 밥상머리에서 여러 번 이야기하셨다. 쪽 다리 밑에서 어머니의 모습을 달빛으로 건져 올리던 아버지의 유년기 이야기는 아직도 내 귓전에 남아 바람 소리를 낸다.

대나무 숲은 바람 소리를 휘잡아 울어대고, 장지문 고리가 세차게 흔들리던 겨울이었다. 아버지 장례를 마친 삼호젯날 어머니마저 돌아가시게 되자, 막내였던 아버지는 부모님 상을 마치고 바로 위 넷째 형과 같이 시집간 누나 집에서 며칠간 머물렀다. 어린 마음에 부모 잃은 서러움을 가누지 못하고 바람 따라 나선 길에 꺼이꺼이 울며 달을 보고 '엄마, 엄마'하고 불렀다는 것이다.

나의 부모님도 벌써 하늘나라에 가 계신다. 토란국을 끓일 때마다 엄마가 보고 싶고, 조기 찌개를 먹을 때면 그것을 좋아하시던 아버지가 사무치게 그리워진다. 아버지에 이어 다시 내 부모님의 초상이 되어버린 달빛이 살얼음 진 겨울 논두렁 위에서 처연히 빛난다. 달은 그냥 달일 뿐이나 나와 살 부대낀 생명이 하나둘 저세상으로 떠나가면서 추억의 얼굴들이 화석처럼 달에 박혀있다는 느낌을 받는다.

그믐달이 예리한 몸매를 드러낼 때 그 선을 이어서 맘속으로 엄마 얼굴을 그려 본다. 엄마의 이름은 '처녀'였고, 이름처럼 마음씨도 미소도 고왔다. 엄마의 처자 시절, 외갓집 앞 개울가에서 보리쌀 씻던 처자의 손끝에 어스름이 깃들 무렵이었다. 개울물에 옷고름 빠질세라 한 손은 고름을 거머쥐고 보리쌀을 씻어 내리는데, 달빛 같은 처자의 눈빛이 함지박 속에 고스란하였다. 단발머리 처자는 옆머리를 귀 뒤로 넘긴 체 고개를 숙이고 보리쌀 씻기에 열중하였다.

오후 무렵부터 낯선 청년이 개울 위쪽의 정자나무 뒤에서 그녀를 지켜보고 있었다. 스무 살 처자 이름이 '처녀'라는 것을 이미 알고 있는 청년은 영산포에서 염탐을 온 총각이었다. 그것을 알 리 없는 '처녀'는 개울 물장난을 해가며 태연하게 제 할 일을 하고 있었다. 대문 앞에 나와 있던 거위 떼가 염탐꾼의 낯선 그림자를 엿봤는지 꽥꽥 소리를 내는 바람에 정자 뒤의 총각은 좌불안석이 되어갔다.

사실 그 염탐꾼은 영산포에 사는 총각이었다. 총각의 오촌 형수를 보채서 '처녀'의 정보를 알아내어 용감하게 그녀의 얼굴을 훔쳐보러 사기실 마을에 든 것이었다. 총각의 넷째 형수와 초등학교 동창인 '처녀'의 사진을 오촌 형수에게 보여 달라고 졸라 졸업사진을 겨우 손에 넣었으나, 단체 사진 속 얼굴이 파리똥만 하게 작았기에 직접 보러 나선 길이었다.

처자가 함지박에 쪽박을 담아 들고 일어서서 마지막 다릿돌을 내디디려는 무렵이었다. 뒤도 안 돌아보고 그녀가 대문 안으로 들어갈 게 뻔해지자, 영산포 총각은 그 순간 꾀를 내어 개울가에다 멀찌감치 돌을 던지고 대숲이 일렁대는 산에다 대고 냅다 소리를 질렀다. 그 소리에 놀라 처자가 뒤를 돌아볼 때, 처자 얼굴을 보겠다는 속셈이었다. 덕분에 얼굴빛이 뽀얗고, 눈매와 입매가 얌전한 '처녀'의 모습을 제대로 볼 수 있었다. 총각은 흐뭇한 마음에 달음박질쳐 자라 바위 고개를 넘어 영산포로 돌아갔다.

그 후, 총각의 오촌 당숙모가 정식으로 처자 쪽에 혼담을 넣었으나 조실부모한 환경이 마뜩잖아 처녀 집에서는 정중히 거절했다. 딴 것은 보지 말고 총각 인상이나 한 번만 보아달라고 오촌 당숙모가 간곡히 다시 청을 넣었고, 처자의 아버지가 마지못해 영산포 장날, 장에 가는 길에 총각 얼굴이나 한번 보기로 하자는 약조를 얻어 내었다. 약조한 장날이 다 저물고, 자라 바위 넘어오는 사람들 발걸음이 잦아드는데, 장에 나간 처자 아버지의 귀가가 늦어지자, 처자 어미는 은근히 조급하였다. 두루마기 스치며 휘적휘적 걸어오는 모습이 어둑한 재 너머 보이기 시작하자, 처자 어미는 대문 앞 개울가로 나가 기다렸다가 눈치를 살피며 총각 일을 여쭈었다.

"오늘 겁나 늦어지겠소~ 총각은 만나봤소?"

"그랬네."

"어쩝뎌, 괜찮게 생겼습디요? 코랑 눈이랑 귀랑 빤드시 제자리에 붙어 있씁디요? 형제간은 몇이나 되고라우? "

"얼굴은 빠진 편은 아니데, 눈빛도 살아 있고, 모름지기 남자나 여자나 눈에 총기가 있어야 하지 않은가. 조실부모하고 형 밑에 산다고 하는 것이 쬐깐 맘에 걸리긴 한디, 제 발등에 불은 끄고 살겄데, 내가 보기에는. 키도 아주 작은 축에는 안 들고 막둥이라서 밸 부담이야 있건능가 싶기도 하고 말이세."

"약주 한 잔 걸치고 오신 것을 보아하니 싫은 기색은 아닌 감네요."

결국, 영산포 총각은 원대로 그 '처녀'와 백년가약을 맺고 나와 내 동생 셋을 낳고 30년 정도 사시다가 두 분 모두 서둘러 먼 길 떠나셨다. 가을바람 밀려드는 산 등 위로 떠오른 반달이 아버지와 어머니의 초상이 된지도 스무 해가 지나간다. 평생 처녀하고만 산다고 신소리 하시며 웃음을 잃지 않으셨던 내 아버지와 어머니 두 분, 저 달 속에 나란히 못다 한 연분 누리시고 사실는지. 남은 연분을 이어가려는지 다른 반쪽을 찾으려는지 열구름 사이로 얼굴 내민 반달이 희끔한 몸을 자꾸만 한쪽으로 기울이고 있다.

# 콩 구르는 소리

주차장 입구에서 어린 자작나무가 한가롭게 한들거린다. 밀짚모자를 쓴 청년이 우리 곁으로 다가와 주차할 곳을 안내하더니 40분은 기다려야 커피 공장 안으로 들어갈 수 있다고 전한다. 한적한 시골 숲 속에서 커피를 마시기 위해 대기하는 장소는 사람들로 북적인다. 차 한잔을 마시기 위해 이런 시골구석까지 찾아든 사람들의 행렬이 놀랍다.

커피 공장 안은 향기로웠다. 대형 커피 로스터기가 커피 공장의 위용을 짐작하게 하고, 커피 왕국의 커퍼들과 로스터, 최고의 바리스타들이 모여들어 커피 맛에 대한 품평회라도 벌이는 양 분위기가 들썩인다. 자리를 찾는 사람들과 커피를 나르는 종업원들의 발길이 뒤섞여 출입구는 매우 혼잡하다. 일행은 들어가려다 입구에서 나가버리고, 나는 여기까지 찾아온 온 발품이 아까워서 찻집 안이라도 구경하겠다는 생각에 테이블 통로를 따라 들어간다. 실내 정원이 꾸며진 쪽으로 몇 걸음 더 들어가 카페 풍경을 몇 장면 휴대폰 카메라에 담는다.

커피를 마시는 사람들을 보면서 바흐의[커피 칸타타]에 나오는 주인공 '리센'을 떠올린다. 커피가 수천 번의 키스보다 달콤한 맛이라는 가사가 이 칸타타에 나온다. 두 번째 아리아에서는 커피 중독인 리센의 커피 사랑에 대한 유머와, 제발 커피를 그만 좀 마시라는 리센의 아버지 슬렌드리안의 애원이 이어져 나온다. 하루에 세 번 이상 커피를 마시지 않으면 고통에 쪼들리고 말 것이라며 리센은 아버지 슬레드리안의 애원을 단호하게 거부해버린다. 아버지는 급기야 커피를 볼모로 딸의 결혼 문제를 들고나오면서 리센을 협박하고, 자신에게 즐거움을 주려면 제발 커피 한잔부터 따라달라고 리센은 오히려 아버지를 조른다. 여기 테라로사 카페에서 나 또한 커피에 취한 리센의 마음을 닮아 가고 있다.

붉은 벽돌로 지어진 카페 입구에는 'Terarosa Coffee Factory' 라는 문구가 있다. 커피 공장이란 말이 친근하게 느껴진다. 카페 안은 쌀가마니만한 원두 포대가 즐비하고, 그것을 자루 채 올려 달 수 있는 대형 저울이 놓여있다. 정말 공장답게 대형 커피 추출기가 여기저기 놓여있어 커피 방앗간을 연상시킨다. 커피 방앗간과 관련된 도구들은 그 공장 안에서 들려오는 다정한 말소리와 커피 향기를 브랜딩하고 있다. 에스프레소, 마키야또, 아보카도, 꼼파냐, 라떼, 카푸치노 등의 익숙한 커피의 맛과 향기로 추출된 커피들은 다양한 잔에 담겨 주문한 사람들 앞에 차근차근 옮겨졌다. 카페 안의 사람들은 시나브로 그 향기에 젖어들었다.

커피 Coffee의 어원은 카파 Kaffa로서 에너지를 뜻한다고 한다. 고통에 쪼들리는 영혼을 살릴 수 있다는 리센의 넋두리가 터무니없지는 않은 것이다. 커피의 효용성은 영혼을 구하는 힘에 있다는 증거라도 되는 양 요즘 동네 어귀마다 자고 나면 커피 가게가 생겨난다. 세계의 온갖 커피가 모여 있다는 소문을 듣고 산골 커피 공장까지 줄지어 찾아다니는 이유도 메말라 가는 영혼을 살찌우기 위한 사람들의 소망 때문인지는 알 수 없으나, 테라로사의 신선한 커피 향기는 잠시나마 영혼을 위로하기에 부족하지 않았다.

우리나라에 입점한 해외 커피 브랜드 S사의 커피 시장 규모가 몇조 원이 넘는다고 한다. 커피의 힘이 얼마나 대단한지 가히 짐작된다. 한편으로는 영혼의 충전이 온 나라에 이리도 시급한 때인가 싶어 마음이 씁쓸하여지기도 한다. 남자보다 커피를 선택하겠다는 리센의 결의에 동의하지는 않으나, 테라로사 커피 공장에서의 풍미 있는 커피 한 잔의 유혹은 쉽게 물리치기가 어려웠다.

이곳 주인은 좋은 커피콩을 구하러 다니기 위해 연간 1억의 비행기 삯을 지불하고 있다고 한다. 커피 원산지에서 구해온 싱싱한 원두로 가장 완벽한 맛과 향을 지닌 커피의 탄생을 위해 그는 기꺼이 수고하겠노라고 활용백서까지 만들어 놓은 사람이다. 외롭고 쓸쓸한 영혼들을 붙잡는 커피 공장장은 영혼 구원 사업을 향기롭게 구가하는 중이라 할 수 있겠다.

30여 년 전, 하루에 커피를 10잔 이상씩 마시던 때였다. 그것도 블랙으로만. 내 신접살림을 풀어주려고 울산에 내려오신 엄마와 함께 장을 보러

갔었다. 제일 먼저 커피를 고르는 나를 보고 엄마가 커피 좀 어지간히 마시라며 마치 리센의 아버지처럼 내게 핀잔을 주셨다. 커피는 뭔가 채워지지 않는 속을 풀어 주거나 달콤 쌉쌀한 추억을 달랠 때 제격이다. 에스프레소의 진중한 쓴맛과 달고나 느낌의 진하고 고소한 거품의 쌉쌀한 맛은 일품이다. 정신이 아득할 때 쨍하게 정신을 챙겨주고 심장도 살짝 떨리게 할 때도 있다. 아랫입술을 스치고 입안에 담긴 거품이 혀끝에 와 닿는 미감은 아찔하기까 하다. 가히 애인의 키스보다 심장을 벅차게 할 수도 있겠다는 생각을 한 적도 있다.

사람이 추억을 향유하는 까닭은 만남의 장소에 대한 기억과 누군가와 함께 했던 장소의 향기가 데려다주는 토포 필리아의 회상 때문이라고 한다. 결국, 나는 자리를 얻지 못하여 테라로사에서의 커피 맛은 볼 수 없었다. 공장 안을 한 바퀴 돌아 나오다가 장식된 커피 방아의 손잡이를 살짝 돌려보았다. 통 안에서 커피콩 구르는 소리가 조그맣게 들려오는 느낌이다. 커피를 마시며 서로의 향기를 음미하는 사람들 곁으로 그 소리가 또르르 굴러갈 듯하였다. 붉은 벽돌 건물로 지어진 카페 입구에 'Well Come, Terarosa Coffee Factory' 라고 쓰인 입간판을 카메라에 담았다. 간판의 ~Co~, ~ro~, Co~, ~to~의 알파벳 O자가 렌즈 안에서 커피 콩알처럼 굴러다녔다. 아쉬운 마음을 콩 콩 콩 배웅이라도 해주는 듯이.

# 시장 비둘기

복개천에 지어졌던 서민 아파트가 헐려 나갔다. 그바람에 동네 사람들 곁에서 수십 년을 뿌리박고 서 있던 나무들도 함께 뽑혀 나갔다. 우람하게 그늘을 만들어주던 오래된 플라타너스 가로수들과 주변 나무들도 뭉떵뭉떵 몸이 잘린 채 덤프트럭에 시체처럼 실려 나갔다. 나무가 살던 그 자리는 무덤을 파헤친 것처럼 커다란 구덩이가 드러났다. 아파트 난간에 기대어 살던 시장 비둘기는 갈 곳 몰라 서성이며 휑해진 건물터 근처를 우르르 우르르 몰려다녔다.

오래되긴 했어도 재래시장의 기능이 살아 있는 돈암 시장에서 숙식을 해결하던 비둘기 때가 한순간에 거처를 잃은 것이다. 청계천을 복원하고 성북 복개천의 물길을 그쪽으로 살려 내려보내겠다는 서울시의 수리 정책 때문이었다. 큰 나무가 잘려나가는 와중에 그 나무에 붙어 앉은 채로 덤프트럭에 실려 가는 까치들도 보였다. 까치 녀석은 언제 그랬냐는 듯이 시장 비둘기와 같이 놀고먹던 거처를 냉큼 버리고 따라간 것이다. 까치가 진짜 새로운 둥지를 찾아 떠나간 것인지는 확실하지 않으나 도시에서 그 정도 살았으면 까치만큼 재치도 늘고 어지간히 눈치도 생겼으련만, 대체 돈암동 시장 비둘기는 왜 저 모양으로 갈 곳을 몰라 하는지 모를 일이었다. 그 뒤로 비둘기들은 현란한 네온 빛 그늘에서 처량하게 도시의 밤을 뒤적였다. 몇 무리는 밤비가 내리는 전깃줄에 몸을 맡기고 떨었다. 비둘기 한 쌍이 꽁지를 치켜들고 전깃줄에서 흔들거렸다. 비둘기의 발목이 유난히 가늘고 붉었다. 구구구 사랑을 구할 때는 깃털을 부풀리며 뒤뚱뒤뚱 걸음걸이가 예뻤고, 오동통한 몸매도 보기 좋았는데 밤비에 젖은 외모는 청승맞기 짝이 없었다. 체온조절을 하려는지 물기를 털어내며 진저리를 쳤다. 도시의 불빛이 찬란해질수록 비둘기들의 눈은 허공을 향해 느리게 깜박였다. 빗줄기가 거세지면서 가로등 빛이 불규칙하게 갈라졌다.

얼마 전 청문회에 나온 모 국회의원은 “강남에 사는 사람 대부분이 아침에 워싱턴 포스트 지를 보고 있으며, 그 신문에서 한국의 정치와 경제에 대한 모든 정보를 얻으며 살아가고 있는데, 현 정부의 부동산 정책을 그 사람들이 그대로 믿겠느냐”며 강남 거주민을 대변해서 모 장관에게 언성을 높이던 모습이 떠올랐다. 강남 강북의 차이를 인정하라는 높으신 분의 호통처럼 들렸다. 강남사람을 빌어 자신의 존재감을 드러내려는 것인지 그 행동의 의도를 판단하기는 모호했지만, 대한민국의 민의를 강남에 두고 하는 발언은 적절치 않다고 생각하였다. 그리고 강남사람 ‘대부분’이라는 대목이 마음에 걸렸다.

언제가 남편이 천정부지로 솟는 강남 집값의 널뛰기를 보고, '그들만의 리그'이니 욕할 것도 없다고 했던 말이 생각났다. 요즘 모든 젊은 엘리트들은 강남에 가서 사는 게 꿈이 되어가고 있다. 호랑이를 잡으려면 호랑이 사는 굴로 들어가야 한다고 생각한다는 것이다. 나무랄 일은 아니다. 꿈은 꿈꾸고 노력하는 자의 것이니까. 언감생심 못 오를 나무는 쳐다보지 않는 것을 삶의 푯대로 삼은 지 오래여서 나는 새삼 워싱턴포스트지는 읽지 않아도 좋았다. 다행인지 불행인지 분수에 맞게 사는 삶을 터득한 까닭이다.

강북에 둥지를 튼 비둘기 녀석들 대부분도 적당히 사는 게 좋다는 것을 체념으로 배웠는지, 건물 난간 신세를 면치 못하면서도 시장 주변을 떠나지 않는다. 그 미물들도 예의를 아는지, 매일 아침 영어 신문을 읽는 귀한 사람들의 가옥에는 얼씬도 하지 않는다 한다. 하릴없는 노인들이 모이는 파고다 공원이나 시장통 어귀에서 다리에 피가 맺히도록 돌아다니며 날개를 퍼뜩인다. 그러다가 자신의 망루인 양 동상의 머리 꼭대기나 가로등 끝에 올라앉아 세상을 조망한다. 무엇을 생각하고 무엇을 바라보는 것일까.

시장 비둘기는 기온이 떨어지자, 보일러 환기구의 열기 덕을 보려고 연통 가까이 몰려들었다. 녀석들은 인류의 평화를 위해 해야 할 일이 아직 남은 것처럼 좁다란 창틀 난간에서 머리를 맞대고 구구구 미련을 떨었다. 그놈들이 우리 집 창틀에까지 날아와 머뭇대는 시간이 많아졌다. 바로 우리 집 옆에 있는 방앗간과 이천 쌀가게의 석발기에서 뿌려지는 알갱이나 쭉정이로 끼니를 때울 수 있기 때문이리라. 연명의 줄을 쉽게 포기할 수 없는 것이 시장을 떠날 수 없는 이유가 되었을 터이다.

눈앞에서 비를 맞고 있는 비둘기가 가끔 나로 환치되는 순간이 있다. 가느다란 핏빛 발목으로 버텨내는 무던함에서 동병상련을 느낀 탓일까. 쭉정이로 채운 배가 비로 인해 더 홀쭉해 보인다. 시장 비둘기는 후줄근하게 난간에 앉아서 여전히 도시의 밤을 좇는다. 하지만 이 비가 그치면 깃털을 말려 줄 파란 하늘이 비 내리는 하늘 속에 있다는 것쯤은 터득한 것 같았다. 비둘기가 잠이 오지 않는지 갸웃갸웃 목 깃털을 스스로 쪼고 있다. 비가 들치는 바람에 나는 어쩔 수 없이 창문을 닫아야 했다.

불현듯 잘려진 나무 둥치에 실려가던 까치 생각이 났다. 그 녀석 시장님 덕에 배 두드리며 구겨진 워싱턴포스트지 베고 잠이 든 것은 아닐까? 난 쉽게 잠이 들지 못했다.

# 바람꽃 인연

1. 사과 빛 의자

정릉 숲이 내다보이는 동네를 오르다 보면 집들이 산에 안겨 있는 듯이 보인다. 싱그러운 숲 때문에 아랫동네보다 3~4도 정도 기온 차가 나고 산 냄새가 짙어 살기에 쾌적하다.

김 마리아 집으로 향하는 날, 초겨울이지만 맑은 숲 냄새가 골목에 들어차서 콧속으로 들어오는 바람이 상쾌했다. 마당이 훤히 들여다보이는 하얀 철 대문 안에서 초승달 같은 미소를 지으며 그녀가 문을 열어주었다. 키는 자그마하지만, 아기 같은 인상에서 여성스러움이 베어 나왔다. 누구나 찾아가서 기도할 수 있는 집이란 소문을 듣고 방문하게 된 그 집은 찔레꽃 화환을 두른 성모상이 정원 가운데 있어서 특별하였다. 정원 안팎에 놓인 도자기 작품들은 주둥이를 내밀고 자연스럽게 널브러져 앉아서 우리들의 이야기를 듣고 있었다.

테라스 쪽으로 눈을 돌리니 사과 빛을 띤 긴 의자가 눈에 들어왔다. 향긋한 색감에서 사과 향이 날 듯하였고 나무의 덧댐 방식으로 보아 수공예임이 짐작됐다. 긴 의자 등받이 가운데에 '강지형. 김향신'이란 이름자가 또렷하게 새겨져 있었다. 내 눈에는 정원의 어떤 작품보다 각별해 보였다. 주인 부부의 이름일 것이라 상상하는데 괜스레 내 마음이 두근거렸다. 사실 이야기를 들어보니 마리아의 남편이 4년 전에 결혼기념일 선물로 만들어 준 것이라고 하였다. 극진한 남편의 사랑이 나무 귀틀 안에 새겨져 있기에 두 사람은 세상 끝까지 함께 가는 동반자란 믿음이 생겨났다. 햇살이 걸터앉아 있는 빈 의자에서 사과꽃 향기를 맡았다.

2. 그리움을 마시다

그녀는 날이 춥다며 집 안으로 들어가서 차를 내놓았다. 세 살, 다섯 살 늦둥이를 기르면서도 짐짓 여유가 있었다. 각별히 '견우와 직녀'란 화차를 우려내주었는데 차 향과 빛깔이 어찌나 곱던지…. 일 년에 한 번 오작교 다리에서 해후한다는 연인들, 그들의 그리움을 통째로 마셔보는 행운을 눈앞에 둔 것이다. 기다란 유리 주전자 안에서 솔방울 같은 것이 부-웅 떠오르면서 붉은 꽃송이로 변했다. 꽃송이는 물에서 굴절되어 병을 꽉 채운 듯이 주전자 안에서 크게 벙글거렸다. 솔잎을 묶어 놓은 모양의 꽃받침은 꽃송이를 감싸 쥔 채 찻물 안에서 조심스럽게 일렁였다. 그 미동에 찻물이 우러나왔다. 마른 꽃송이로 돌돌 말려져 있던 견우와 직녀가 사람들 눈앞에서 긴 기다림의 보를 풀어 보이는 데, 그들 또한 어찌 설레지 않을 수 있겠는가. 여울여울 불빛처럼 연인의 그리움이 혀끝에 녹아들었다. 이곳은 나의 일상이 아닌 듯했다.

이 세상에서 내 맘대로 할 수 있는 것이라고는 종이컵 하나 구겨버리는 것뿐이라고 강변하던 시인 못지않게 나도 일상에 대한 항변으로 심신이 지쳐 있던 터였다. 하지만 견우와 직녀의 해후를 바라본 그 순간만큼은 행복하였다. 내 삶의 불협화음이 견우와 직녀의 해후를 바라보며 흔들리기 시작했다 해도 좋았다. 첫 만남이란 이렇듯 물결에 이는 바람처럼 살결에 스치는 한 줄기 바람처럼, 순간의 파장을 놓치지 않는 마음 안에 피어나는 바람꽃이라 여겨졌다.

3. 그녀에게서 하늘 바람 냄새가 난다.

"오~ 자네 왔는가?"

귀인인 양 반기며 내놓는 이 평범한 인사말, 이처럼 푸근하고 정 가는 말이 또 어디 있을까. 김 향신 마리아의 오라버니인 김시라 시인은 그 시귀를 시제(詩題)로 삼았고, 현재도 전남 무안의 고향 집 사립문 앞에 현판으로 새겨져 있다고 한다. 누구든지 가림 없이 집에 들라는 환영의 메시지. 그 말은 전라도 사람들이 사람을 반길 때 흔히 쓰는 말이다. 그의 아버지는 걸인들의 아버지라 할 만큼 천한 사람들을 가족처럼 여겼고, 작고하신 김 시인은 아버지처럼 사람 냄새 물씬 묻어나는 방언 시집을 지은 분이다. 인사동에 가면 그의 시구나 시제를 찻집 이름으로 삼은 집들이 남아 있다.

"모깃불에 달 그슬릴라"

걱정하던 시인 어머니의 마음과 정 많은 사람의 마음이 여태 빛나고 있는 것은 흐뭇한 일이 아닐 수 없다. 마리아는 향기로움을 널게 펼치라는 아버지의 바람대로 '향신'이란 이름으로 살면서 꽃과 나비를 즐겨 그리는 화가이자, 나와 동갑이며 마음으로 낳은 두 아이를 늦둥이로 기르고 있는 아기 엄마다. 아이들의 장난감이 방방을 차지해도 그것을 기쁨으로 즐기는 여인이다.

잠깐 자리를 비우더니 오늘은 참으로 특별한 날인 것 같다며 돌아가신 오빠 (김시라 시인)의 유고시집을 꺼내어 왔다. 사랑하던 오빠가 갑작스레 세상을 떠난 충격 때문에 돌아가신 뒤 한 번도 들춰보지 않았다는 절판된 방언시집 [오~ 자네 왔능가] 란 시집을 내게 건네 보여 주었다. 그의 영혼을 받아 쥔 듯 손끝에 전해지는 느낌이 강렬하였다. 아버지의 수첩에 적힌 깨알 같은 말들이 살아나서 오빠의 시(詩)와 자기 글의 씨앗이 되었다고 회고하는 마리아에게서 바람꽃 향기가 일었다.

아픔도 고통도 바람처럼 스쳐 갈 뿐, 영원한 기쁨도 영원한 고통도 없기에 세월이 흐른 만큼 어떤 열매든지 맺게 해달라고 기도한다는 그녀는 자식을 여의고도 하루하루를 기쁨으로 사는 게 바로 기적이라고 말하였다. 마리아는 제 살로 빚은 자식을 먼저 하늘로 떠나보낸 아픔을 겪고 난 뒤, 많은 시간을 침묵의 바다에 잠겼노라고 했다. 아픔을 기쁨으로 승화시킨 것은 결국 침묵이었다고 말을 덧붙였다. 병풍처럼 늘어선 고통의 벽 앞에서, 바위처럼 꿈쩍 않던 시간이 서서히 밀려가고 지금 그녀는 기적처럼 행복하게 웃고 있었다. 웃는 그녀에게서 나는 넘어야 할 산을 다 오르고 나서야만 맡을 수 있는 하늘 바람 냄새를 맡았다.

"이모~ 이껀 울 엄마가 그린 거다. 책도 엄마가 만들구 꽃 접시도 엄마가 다 만드렀따."

엄마의 기도 묵상집 책 표지 그림을 가리키는 세은이의 오물거리는 입술에 초콜릿 시럽이 아빠 수염처럼 묻어 있었다. 꽃도 나처럼 이쁜 엄마 아빠가 있느냐고 묻는다는 늦둥이, 세은이와 예은이는 그녀가 가꾸는 꽃 보물이었다.

"그럼 꽃도 엄마 아빠가 물론 있지, 엄마 아빠 없이 태어나는 것은 이 세상에 하나도 없는 거란다"

자식 하나를 잃고 둘을 얻은 일은 하느님의 은혜였다고 웃는 그녀와, 그녀의 좁은 양어깨에 매달린 두 아이의 볼웃음이 때 이른 봄꽃처럼 터져 나왔다. 그 집을 나올 때, 엄마를 따라서 밖에까지 배웅 나온 세은이와 예은이는 나더러 이모라고 했다. 내게 예쁜 조카가 둘 생긴 그 날을 잊을 수가 없다.

# 소리 섬

바위산 밑 벌판에서 깊은 소 울음소리가 들려온다. 바위산을 벌일 듯 소리가 힘차다. 한 남자를 수년간 골병들게 한 소리. 소리는 그를 떠나지 않고 심장을 뚫고 나와 지금 그의 곁을 떠돌고 있다. 쳐내면 달려들고 끌어당기면 도로 뛰쳐나가는 소리. 그 소리가 남자의 버선코를 가뿐가뿐 움직인다. 두둥둥! 북소리다.

북은 거칠게 소리를 삼켰다가 세차게 뿜어내길 여러 차례. 남자의 손에 이끌린 북채가 북벽에 부딪힌 소리를 부수어댄다. 북수의 버선발이 튕겨나온 소리를 받아내어 껑충껑충 널을 뛴다. 북통 속을 굴러 나온 울림이 박 터지는 소리를 내더니 통속으로 어느새 들어가 버린다. 북수의 오른손이 북을 딱 내리칠 때 통속 울림은 벼락 치듯 튕겨 나와 소리 산맥을 이루기를 여러 차례. 나의 심장을 파고든 북소리가 맥박에 붙어 뛰고 있다. 난여지없이 소리에 습격을 당한 것이다.

속을 비운만큼 옹글어진 소리가 북수의 손놀림과 몸 장단으로 북의 혼이 된다. 북수는 굿판을 이끄는 박수무당 이상이다. 하늘로 쳐올린 북채의 하강에 격렬하게 굽이친 소리가 파도처럼 가파르게 곤두박질한다. 북수의 장딴지가 곤두서고 그의 발이 북에 닿을 듯 뛰어오른다. 거센 북소리는 바다의 폭풍이 되고 만다. 진도 북노리는 소리가 소리를 부수고 북수가 북소리를 몰고 다니면서 노는 한마당 소리 극이었다.

소리를 가두고 있는 북은 세상에서 가장 작은 소리 섬이다. 비바람을 떨어내듯, 스치듯 가볍게 북채를 털어 소리를 이끄는 북수는 소리 섬의 임자이다. 소리 파도를 일으켜 세우는 북수의 손놀림은 인생의 풍파를 그대로 드러냄이요, 그 풍파를 다스리는 북수는 고생지게 살아가는 뭇사람들을 위로하여 신명으로 이끄는 신명 꾼이라 할 수 있겠다. 북수는 북채로 소리의 울림을 달아나게 했다가 옹골차게 소리를 다시 끌어들이는 재주를 부린다. 자신의 고단한 삶을 치켜세울 듯 허리를 굽혔다 펴면서 소리를 치고 끌어당긴다. 북수의 목줄에 핏줄이 뻗쳐난다.

바위산이 그려진 무대가 올라가면서 진도 북노리는 막을 내렸다. 북노리에서 받은 감동은 공연이 끝나고도 속수무책으로 흘러들었다. 공연이 끝나고 우리 일행은 진도 향토 문화원장님의 주선으로 공연을 마친 북수님들과 기념 촬영을 하였다. 의신면에 있는 북노리 전수관까지 방문할 기회도 얻었다. 북과 한몸이 된 북수들의 진짜 생활을 들여다볼 기회가 생긴 것이다.

진도 북노리 전수관은 '돌아온 백구 진돗개 마을'로 유명한 의신면 있었다. 자신을 골병들게 한 그놈의 북이 한없이 좋아 북을 놓지 못하고 있다는 박득준 님, 진도 북노리 인간문화재가 되신 박광렬 님, '돌아온 백구' 진돗개 집안의 셋째 아들 이기서 님을 비롯하여 북노리를 전수하고 있는 유명한 분들을 전수관에서 만났다. 박광렬 님은 부친이 마을 농악 놀이 상쇠노릇을 하시어서 북을 쉽게 접하게 되었다며 자신은 화장실 갔다가 알밤을 주운 격이라고 말하였다. 자신을 가르치던 스승님이 돌아가시면 인간문화재가 되는 것이지 인간문화재가 별거 아니라며 껄껄껄 막걸리를 권하였다.

북은 소가죽으로 북의 양쪽 배를 만든다고 한다. 왼 북은 살짝 건드리기만 해도 소리를 맑게 내고, 큰 울림소리를 잘 받아내는 오른쪽 북에는 소리를 잘 튕겨내기 위해 가끔 막걸리를 먹인다고 하였다. 북소리가 깊고 너르게 퍼져 나가는 힘이 막걸리에 있다는 사실이 흥미로웠다. 북수나 북이나 막걸리의 담금질로 북소리의 맥놀이가 깊어진다니 막걸리 없는 세상의 북소리는 제소리가 아닌가 싶어졌다.

'모든 북소리는 칠 때마다 새롭게 태어나는 소리이다. 북소리가 한번 꽈광 울릴 때, 세상은 그 이전에 없었던 세상으로 새로이 열린다.' 소설「현의 노래」의 일부분이다. 북소리가 새로운 세상이 열리는 소리라면, 세상을 여는 북수는 세상을 향해 북을 쳤고. 북을 쳐서 세상을 연 것일까.

밤부터 새벽녘까지 동네 소가 울었다. 해산을 앞둔 것도 아닌데 울음소리가 길었다. 소가 아픈 것일까. 세상에 아프지 않고 아름다운 것은 없다고 한다. 울안을 빠져나온 소의 울음소리가 골병든 북수의 울음처럼 아프게 들려왔다. 내 맥박을 붙들었던 북소리가 가슴 안에서 둥둥둥 고동치고 있다. 몸 안의 북소리가 소 울음소리와 뒤섞여 새 생명을 잉태하려는 듯 온몸에서 출렁인다. 내가 소리 섬이 된 느낌이다.

# 삶의 스타카토

본의 아니게 긴 휴가를 선택하게 된 남편은 요즘 즐겁다. 생업을 벗어낸 해방감을 즐기기나 하는 듯 실업의 우울함은 오간 데 없다. 청량리역을 출발한 태백선은 러시아워와 상관없이 시원스레 도시를 벗어났다. 정처 있는 떠남은 새로운 기회를 찾아 나서는 여유로움과 설렘이 있다. 절망과 희망, 헤어짐과 기다림, 배웅과 마중의 정서가 뒤섞여 있는 역사를 벗어나면서부터 기차는 선로 위의 질주를 시작했고, 나는 민둥산 억새의 매혹적인 군무를 상상했다.

기차에 오르면서 48년 전, 아버지를 따라서 기차 여행을 떠나던 때가 떠올려졌다. 경부선 개찰구 앞에서 기차표에 경쾌하게 구멍이 뚫리던 순간이 생생히 기억되었다. 그 순간 나는 긴장과 떨림으로 가득했었다. 대구행 기차를 타기 위해 아버지 손을 꼭 잡고 황급히 계단을 내려갈 때였다. 탑승을 서둘러 달라는 안내 멘트가 들려옴과 동시에 외눈박이 커다란 기차는 어린아이의 귀청을 멍멍하게 만들면서 증기를 하늘로 뿜어 올렸고 위협적으로 다가섰다. 어둠이 채 가시지 않은 서울역사의 플랫폼은 느리게 꿈틀거리는 거대한 기계처럼 나를 긴장시켰다. 내 앞에 당도한 기차는 철커덕철커덕 숨을 크게 내쉬면서 취이익~칙 거친 소리를 괴물처럼 뱉어내었다. 기차 바퀴 밑에서 하얀 연기가 뿜어져 나오던 그 새벽의 두려움이 아버지 손을 더욱 놓지 못하게 하였다. 기차를 타면 왜 늘 그 생각이 떠오르는 걸까.

기차를 타고 어딘가로 떠날 때마다 나는 낯섦에 대해 긴장한다. 기차 안은 평일이라 한적하였다. 황금빛 들녘을 달려 온 기차는 지정된 역에서 사람들의 풍경을 바꾸며 목적지를 향해 달렸다. 레일을 따라 달리는 기차는 운명을 따라 사는 우리의 인생과 흡사하다는 생각이 들었다. 간이역마다 기차가 멈춰 우리 삶의 쉼표처럼 우리를 잠깐 쉬게 하거나 새로운 삶을 선사하듯 새로운 손님들을 맞이하였다. 우리들의 손에 쥔 기차표는 우리가 살아야 할 운명과 같아서 아무 데서나 내릴 수도 탈 수도 없는 것이다. 출발한 후 행선지를 바꾸려면 합당한 이유와 절차가 꼭 필요하여 승무원에게 사실을 알려야 한다. 삶의 나침판을 새롭게 조정하기 위해서는 더 말할 나위가 없을 것이다.

우리가 원하든 원하지 않든 인생은 수시로 새로운 환경을 우리에게 선사한다. 커다란 병에 발목이 잡혀 삶의 방향을 바꿔야 할 처지에 놓인 남편과 내가 철없이 가을 구경을 나선 것이다. 심각하다면 심각할 수 있고, 별일 아니라 여기면 별일 아닐 수 있지만, 가장에게 내려진 직장암이란 진단은 우리 가정에 꽤 위협적으로 다가왔다. 그렇지만 우리 가족은 누구도 티를 내지 않았다. 본인이 제일 충격이 컸을 것이기에. 정선 아우라지로 가는 기차는 굽어진 산길을 돌 때마다 큰 소리로 기적을 울렸다. 휘어진 길을 달릴 때마다 반복하여 들리던 그 소리는 실상 위협이 아니라 위험을 주변에 알리는 소리였다. 기차는 외마디 신음을 산허리에 남겨두고 사북 어디쯤의 터널 속으로 여러 차례 몸을 숨기면서 터널을 빠져나왔다. 터널은 기다란 지우개처럼 스쳐간 풍경을 지우고 새 풍경을 곧바로 내보였다. 행복과 불행의 교행을 보는 듯했다. 내 삶의 길에서 다급할 때마다 내가 질러댄 울음소리가 터널 속에 숨어서 윙윙 소리 내었다. 오래된 풍경처럼 어딘가에 숨어 있을 거란 생각도 하였다. 숨죽여 박혀 있던 풍경 소리가 한꺼번에 들려오는 듯하였다. 그 소리가 삶의 스타카토가 되어주길 기원해 본다.

열차는 달리는 동안 속도를 잃지 않았다. 빠른 속도에 길든 레일은 기차 무게를 견디기 위해 깊은 울림으로 일상과 조율하며 이탈의 경계를 유지하였다. 삶의 속도도 이렇듯 일정하다면 탈이 없을 듯싶었다. 기차도 인생도 정해진 속력으로 달려야 생명이 유지되지만 지나친 질주는 인생이나 기차나 이탈을 부추기는 원인이 된다. 무한 질주는 그리하여 금기 사항이며 속도위반에 대한 벌칙을 우리는 감수하여야 한다. 오르막과 내리막이 있는 삶의 속도를 적절히 조절해야 하는 까닭이다. 기차는 정해진 속력을 지키며 목적지에 다다랐다. 기차는 구불구불 일정하게 달려와서 우리를 민둥산 역에 내려주고 산허리를 돌아 아우라지 종착역을 향해 미련 없이 떠나가 버렸다.

민둥산 갈대밭 정상을 오를 때까지 우리는 가파른 산길에서 몇 번이나 걸음을 쉬었다. 쉬엄쉬엄 산바람을 느끼며 걸었다. 지치지 않게 올라가야 정상에서 하늘 바람을 제대로 맛볼 수 있기 때문이다. 남편과 나는 가을 여행을 하면서 그동안 살아온 시간들을 나름대로 돌이켜 보는 기회를 가졌다. 지금 남편의 쉼을 긍정해야 할 이유를 찾기 위해 숨을 고르며 올랐다. 쉬지 않고서는 절대 오를 수 없는 인생의 고지, 그곳에 오르는 법을 가파른 산길이 가르쳐 준 것이다. 하지만 아버지의 손을 놓을 수 없었던 서울역의 새벽처럼 긴장은 나를 떠나가지 않았다.

민둥산을 다녀오면서 남편과 나는 모처럼 평화로웠다. 민둥산 억새의 하늘거림을 어둠에 묻고 내려오니 저녁이 다 되었다. 우리는 남은 삶을 다시 잇기 위해 민둥산 역에서 서울행 기차를 기다렸다. 기다리던 열차는 어둠 속에서 등불처럼 우리 곁으로 다가와 주었다. 어렸을 적 외눈박이 열차가 나에게 뭔지 모를 두려움의 불꽃을 달아주러 올 때처럼 소리를 내었다. 기차는 어둠이 깊어진 풍경을 몇 시간 달려와서 청량리역사에 천천히 다가섰다. 오늘 아침 떠나올 때처럼 끊임없이 사람들이 플랫폼을 오르내렸다. 열차는 서울역을 향해 떠나고 남편과 나는 삶의 플랫 홈으로 옮겨가는 사람들의 뒤를 따라 바삐 걸어 나왔다. 다행히 야경은 낮의 풍경을 지우고 별처럼 빛나고 있었다.

# 슬픈 귀향

# 햇살 그림

눈가루가 뿌려진 얼음 강가로 나무 한 그루가 홀로 흔들거린다. 바람이 햇살을 간질여 나뭇가지를 살살 어르고 있는 듯 보이는 햇볕 좋은 겨울 한낮이다. 섶나무 줄기 끝에 단풍나무 이파리가 바스러질 듯 매달려 있다. 나뭇가지들은 뾰족했지만, 나란히 어울려 다정해 보인다. 나무초리를 따라가 보니, 아하! 그것은 햇살이 비춰낸 햇살 그림이 아닌가. 포로롱 새가 날아와 잔가지 위에서 포닥포닥 꽁지 춤을 추더니만 엄동설한을 용케 버티어 내던 이파리 몇 개가 새들의 춤사위에 뱅그르르 떨어지고 있다.

지난 주일, 미사를 마치고 휴게실에서 발견한 걸개그림의 모습이다. 햇살이 들어오는 양에 따라 햇살 그림의 음영이 시시각각 달라져 보인 것이다. 그것은 찌든 세상을 향해 잠깐 보여준 어떤 영혼의 그림자놀이 같았다. 바람과 햇살이 그려낸 한 폭의 수묵화 느낌이었다. 옆에 있던 교우가 그 순간을 포착해야 한다며 나에게 햇살 그림 앞에 서라고 주문했다. 내가 찍히고 난 후, 곧바로 교우 아네스를 같은 자리에 세워 놓고 내가 다시 셔터를 눌렀다. 늘 보던 장면이었을 텐데 그날 유난히 눈에 띈 것이다. 성당 마당에서는 초라하게만 보이던 겨울나무 한그루가 햇볕을 받아 유리 안으로 비쳐들어 스크린에 걸러지면서 세한도처럼 격조 있는 모습을 보인 것이다. 창호 문틀 속의 은은한 문향처럼 여백에서는 절제미가 느껴졌다.

며칠 뒤, 참 희한한 일이 생겼다며 그 교우에게서 전화가 왔다. 자기 사진에는 그림 배경이 백지로 나왔는데 내가 찍힌 사진에만 햇살 그림이 찍혀 있더라는 것이었다. 시시각각 변하던 한순간이 잠깐 사이에 모습을 달리 한 것일 뿐 사실 이상한 일은 아니었다. 내가 찍히고 나서 해의 움직임이 달라졌을 것이고 햇살 그림이 그 찰나에 그것을 비춰낸 것일 뿐이다.

삶이 찰나라는 것을 햇살 그림이 자연스럽게 보여준 것이다. 이런 순간들이 이어져 하루가 되고 하루가 모여 달을 채워 한 해가 된다. 한 해 두 해 세월이 쌓이면 누군가의 서사가 되고 역사가 되는 이치이다. 삶과 죽음의 차이는 한 호흡이라는 말이 있듯이 삶은 사라짐의 과정이고 풀잎에 내린 이슬처럼 덧없음을 알아가는 것 또한 삶의 한 과정이다. 덧없는 인생에 뭐 그리 일희일비 할 일이 있는가 하는 깨달음을 햇살 한 줌에서 얻는다.

사실 햇살이 나뭇가지를 은연히 비춰낼 수 있었던 것은 투명한 창과 이것을 그대로 받아낸 민무늬 스크린 때문이었을 것이다. 그 스크린을 사람에 견주어 본다면, 잡다한 생각들을 거두어낸 청안(靑眼)한 모성의 영혼과 비견 될 수 있다. 늘 맑은 영혼을 지닐 수 있는 삶이길 소망하여 본다.

햇살이 놀다간 식탁 위에 가만히 손을 얹어 본다. 해는 더함도 덜 함도 없이 언제나 같은 시간에 같은 만큼 제 자리를 머물다 가지만 우리가 그것을 잘 느끼지 못한다. 각자가 처한 상황에 따라 그것에 대한 느낌은 사뭇 달라지는 법이다. 집안의 해가 되어 집 안 구석구석을 뽀송뽀송하게 비추는 어머니, 아내의 평범한 도가 크림색 햇살 속에 들어앉아 있는 듯하다.

싱글 맘을 선언한 모 여인의 말이 생각난다. 어떤 상황에서도 어떤 이유로도 자기를 비난하지 않고 한 편이 되어 준 것은 어머니와 가족뿐이었다는. 그래서 어머니가 되는 길을 자신도 어렵게 선택했다며 핏덩이 아이를 안고 기쁨의 눈물을 흘리던 모습이 아련하다. 어머니의 정성이 세상을 세워가는 한 축이 되는 것은 부인할 수 없는 일이다. 그래서 어머니의 사랑은 동서고금을 막론하고 무한하며 언제나 진행형이다. 따스한 해처럼 어느 한 곳도 가림 없이 비춰주는 존재로 우뚝 서는 것과 견주어도 손색이 없음이다. 때로는 보이지 않게 내일도 모레도 햇살 그림은 어머니의 손길처럼 우리가 있는 자리로 찾아들 것이다.

# 전설로 남겨질 것들

춘 사월임에도 눈발이 내린다.

검푸른 심장을 허옇게 들썩이는 파도가 어쩐 일인지 오늘은 한숨을 돌린 듯하다. 동강 난 배를 한풀이하듯 물길 아래로 집어삼킨 지 이십 여 일이 지나고, 주검의 무덤이 되어버린 초계함 반쪽이 건져 올리어지고 있다. 거칠게 잘려나간 철판의 표피가 험상하고 날카로워 선체가 공룡의 화석처럼 보인다. 강렬한 폭음과 함께 배가 뒤집히고 생사가 뒤엉켜버린 뒤 시간이 많이 흘렀다. 배 안에 갇혀버린 통곡이 물줄기가 되어 폭포수처럼 쏟아진다.

허망하게 희생된 청춘의 넋이 괴물 같은 쇳덩이에 갇힌 채 소리 없이 파랑에 뒤척이다 어렵사리 인양되고 있다. 살가운 모습만 기억하는 가족들이 그대들과 눈 맞추기를 학수고대하는 동안, 그들은 두 동강 난 격실 안에서 이미 가벼운 영혼으로 부유하였으리. 살아 돌아오라는 염원을 바다에 띄우며 가족들은 강한 바람에 맞서서 기원제를 올리고 있고. 물결의 파장은 못내 죄스러운 듯 동동 번져나가면서 동그라미를 잇댄다.

승선한 젊은 병사들은 한밤중 난데없이 정수리를 때려 맞은 것이나 진배없었다. 침몰하는 배 안에서 터져 나온 아우성은 피 울음으로 바뀌었고, 그것은 곧바로 바닷물에 제 빛을 섞어버렸다. 괴물이 되어버린 선체는 공중으로 부양되어서도 물 빼는 시간이 길어 하관 자리를 찾지 못한다. 수많은 생명을 빼앗긴 밤은 죽음의 혀에 내둘린 체 거칠게 포효하였지만 아무 소용없었다.

배를 안착시킬 바지선은 부력에 의지한 채 바람의 눈치를 살피며 조심스럽게 떠 있고, 바지선 위는 개미처럼 오가는 사람들로 분주하다. 목숨이란 한낱 이런 것일까. 움직이면 모두 살아 있는 것이고, 움직임이 없으면 다 주검인 것일까. 생과 사의 극명한 차이가 눈앞에 떠 있다. 새로운 부양을 꿈꾸듯 선상을 훑고 있는 내 눈길이 언제 꺼질지 모를 생명을 붙들고 서럽다. 바지선 안에 설치된 거치대 위를 망연히 바라보던 배꼬리의 선체가 아주 천천히 현실에 착지하려 애를 쓴다. 선체가 흔들린다. 이 말도 저 말도 진실을 찾지 못한 채 흔들리고 있다. 가족들에게 승선한 신분의 흔적이라도 보여주기 위해서, 침몰의 원인 규명을 위해서 육지로 돌아가야만 한다. 인양된 선체는 결국 혀 잘린 사람처럼 묵비권을 행사할 테지만 말이다. 배 후미에 달린 두 개의 스크루가 제 기능을 잃은 지 오래다. 물살을 헤치며 사납게 돌아가던 날개였지만 그들과 함께 전사해 버린 것이다. 스크루는 오해와 편견과 진실을 규명할 힘을 잃은 것이다.

인생은 외줄 타기 곡예런가. 한 호흡의 삶을 살기 위해 두 호흡을 내주고 살아야 하는 삶이 우리 인생의 대부분이 아닌가 싶다. 하루가 흔들리다 사라지고, 내일이 나를 견인해주면 그저 또 하루를 감사하게 살아야 하는 것이다. 귀한 생명들이 홀연히 잠재워질 때 바닷물 속에서 그들이 목격한 진실은 수장된 채 영원히 전설이 되리라. 산 자들의 예단만 난무하고 그들이 인양되는 하늘가로 바닷새가 예의를 갖추어 빙빙 동그라미를 그릴 뿐!

밥그릇 한 개도 지니지 않고 홀 몸뚱이로 살아가는 새들의 가벼운 삶, 그 자유가 부러워 새가 되길 소원하는가. 삶은 죽음을, 죽음은 다른 생명을 잉태하는 것으로 생과 사는 뫼비우스 띠처럼 엮이어 세상을 잇는 섭리가 된다. 그리하여 빛나는 삶이나 구차한 삶이나 모든 삶의 순간은 어느 장소에서든 성스런 노역이 되는 것이다. 살아 있는 동안 사랑을 하고 날마다 살아 있음에 감사하자고 우리는 일상의 축제를 벌이지만, 돌연한 일들이 우리 생애에 반란을 일으킨다. 수장 되지 못한 원과 한이 떠돌다 파도되어 아프게 눈앞에 부서지고 있다.

시원적 슬픔의 고가 한없이 풀려나는 것일까. 마지막 공연을 끝내고 텅 빈 객석을 바라보는 배우의 심정처럼 허망하다. 자식 잃은 어미의 울부짖음은 살을 에는 칼날의 비장함을 지닌다. 남겨진 이들의 이 몸부림을 어찌 할까나!

둥둥 떠다니던 시신이 인양 구조원의 손에 걸려든다. 구조원은 예를 갖추어 핏기없는 시신을 움켜 안고 바닷물에 시신을 헹구어 철 구조물에 옮긴다. 그들의 꿈과 열망, 사랑, 공포, 두려움까지 그들의 곁에서 수장 되지 못하고 부유하는 것들이 남김없이 건져지기를 소원해 본다. 사실 헹궈야 할 것은 그들이 몸뚱이가 아니라, 우리가 숨 쉬고 있는 세상이 아닌가 싶다. 바다에 누워 오히려 세상을 바라보는 그들의 넋에 경의를 보낸다. 현실의 이 비통함보다 더욱 애통한 것은 모든 것이 불확실한 미래에 있다. 눈물에 갇혔던 하루가 어렵게 넘어가고 밤바다에는 여전히 불빛이 켜있다. 희망을 버릴 수 없다는 증거이다.

# 슬픈 귀향

'쉬리'는 영화에서 공작원의 테러 작전명으로 쓰였던 물고기이다. 깨끗한 담수에만 사는 토종 물고기 쉬리는 첨예한 이념 전쟁의 작전명으로 쓰이기에는 작고 여린 생명체이다. 영화에는 암수가 서로 사랑하다가 한 마리가 죽으면 시름시름 앓다가 따라 죽는다는 열대어 '키싱구라미'도 등장한다. 정치적 이념 때문에 연인끼리 총을 겨누어야 하는 살아 있는 오브제였던 것이다.

쉬리와 키싱구라미는 수족관의 유리벽을 느리게 맴돌다가 수초(水草) 뒤에 숨곤 하였다. 토종과 열대어의 동거는 이념 때문에 허락될 수 없는 적과의 동침이었지만, 자유롭게 살던 계곡으로 돌아가기를 원하는 영혼의 몸짓을 보여주기 위한 감독의 의도였음이 짐작되었다. 그러나 영화의 절정에서 수족관은 연인들이 서로를 겨눈 총탄에 산산이 깨쳐지고, 물고기들은 쏟아진 물과 함께 날바닥에서 팔딱거려야만 했다.

야릇하게도 나는 깨어진 수조를 보면서 생명의 본향인 어미의 몸 속 궁전을 생각하였다. 태생 전 그곳은 따뜻한 물로 가득했고, 나는 그 속을 유영하며 작은 생명으로 자라고 있었다. 그리고 수족관이 터지듯이 내가 세상 밖으로 나올 때 엄마는 궁전 밖으로 양수를 다 흘려 내려주었고 누군가가 물컹하고 끈적한 나의 탯줄을 끊어 주었다. 그런 이유때문인지 잃어버린 물에 대한 나의 갈증은 마음속에 앙금처럼 가라앉았다가 수용성이 되어 끊임없이 물길을 찾아 유랑하였다.

나는 물을 갈급해 하는 바다 집시처럼 언젠가는 물의 나라로 돌아가리라는 꿈을 꾸고 살아왔던 것은 아닐까. 그 꿈은 모태(母胎)에 대한 그리움일 것이다. 물을 잃어버린 물고기처럼 나는 물이 없으면 살아갈 수 없는 빈약한 생명이다. 생명의 원류라고 생각했던 바다는 그래서 바다 집시처럼 떠다니며 끝내 찾아나서야 할 내 꿈의 여정으로 자리 잡혀 있었나 보다.

우연히 태국의 카오락 해변에 달빛 같은 등불이 수없이 밝혀지고 있는 장면을 보게 되었다. 쓰나미의 제물이 된 영혼을 달래기 위해 등불을 밝혀 하늘로 올려 보내는 행사였다. 해일 피해로 숨져간 사람들이 '영혼의 별'로 떠오르는 순간은 슬프도록 아름다웠다. 〈물위를 떠도는 영혼〉이라는 방송의 일부였지만 밤하늘로 함께 떠올라져 별이 되어가는 수많은 정령들에게서 나는 눈을 뗄 수가 없었다.

'모켄족'이라 불리는 바다 집시들은 쓰나미가 몰아친 이후 태국 정부의 방침으로 코라섬에서 쫓겨나게 되었다. 우기가 시작되면서 그들은 숲에 긴급히 마련한 '천사마을 사람들'이란 구역에 모여 살게 되었지만, 숲은 바다 집시들에게 아무런 의미가 되어주지 못했다.

"우리는 바다에서 살아야 해, 먹는 물까지 육지 것은 너무 뜨거워. 난, 바다로 돌아 갈테야."

70평생 바다에서 살아온 집시들의 머릿속에는 푸른 물만 출렁거렸다. 심장도 푸른색이 돌 것만 같았다. 비가 새지 않는 깔끔한 집도, 전기밥솥도. 수도꼭지에서 나오는 물도 그들에게는 쓸모없는 장식품에 지나지 않았다. 숲속 생활은 깨진 수족관의 물고기 처지와 다르지 않았다. 외국인들의 작은 배려로 집 앞에 콘크리트 벽이 세워지고, 집시들을 위해 그 벽에 죽은 바다 풍경이 그려졌다. 파란 물빛이 흥건한 그림 속의 물고기들은 몸색이 화려하고 지느러미를 흔들 것처럼 생생했다. 그러나 벽화 속의 물고기는 유령처럼 움직임이 없었다. 외딴 숲의 바다에 갇힌 두 노인 부부는 그 벽화를 쳐다보면서 움직임 없이 풀밭에 앉아서 그대로 섬이 되어가고 있었다.

내가 달려가고 싶은, 하지만 끝내 닿을 수 없는 나라, 그곳이 어쩌면 바다 집시들이 가고자 하는 물의 나라와 닿아 있지 않을까. 그 순간, 우리가 살아가는 세상이 마치 깨져버린 수조와 같다는 느낌이 차오르면서 쉬리의 앤딩 장면이 오버랩 되었다. 물을 잃어버린 수조에 각자의 인생이 담겨지고, 삶은 잃어버린 물을 찾아가는 목마른 여정인 것이다. 생명이 잉태되고 자란 엄마의 궁전이 원래는 물의 나라였다. 놀랍게도 자궁 안의 양수는 바닷물의 성분과 매우 흡사하다는 것도 알게 되었다. 거기에 편안히 잠기고 싶은 충동, 즉 태 안으로의 귀의(歸依)는 포유류가 갖는 본능이자, 외로움에 대한 기저 감정일 것이다. 왠지 내 꿈의 원형(原型)이 바다 집시들의 꿈과 닮았다는 의식이 일렁이자, 눈앞에 바다가 출렁거리고 내 몸 속에 물이 고여 들기 시작하였다.

바다 집시들은 해일을 몰고 온 파도를 끝내 원망하지는 않았다. 그들은 피할 수 없는 삶의 일부라고 생각하였다. 해일은 어쩌면 문명의 이기를 탐한 우리를 대신하여 그들이 대신 받은 억울한 형벌일지도 모르는데, 집시들은 한사코 바다로 돌아가는 것이 소원이라며 눈빛을 반짝였다. 저들이 나고 자란 곳으로 돌아가 물고기처럼 살고자하는 염원에 경외감마저 들었다. 그들의 귀향은 생명의 시작이었던 곳으로 회귀하는 생에 대한 겸손한 염원이었다.

태국정부는 바다 속을 오가며 태국과 미얀마 국경을 넘나드는 그들을 자국민으로 인정하지 않았다. 하지만 인어로 살아가는 그들에게 땅위의 국적은 중요한 의미가 되지 않았다. 국적 없이 물 위를 떠도는 영혼들은 그저 바다에서 물고기와 어울려 살기만을 원하였다. 다만 휴식을 위해 물 위에 초막을 짓고, 작은 배 하나면 충분히 행복해 하였다. 수심이 낮아지는 썰물 때나 보름달이나 초승달이 뜨는 날 저녁에, 아내와 함께 그 배를 타고 나가서 먹을 만큼의 물고기를 잡아야겠다며 반 벌거숭이의 집시 할아버지가 배고프게 웃었다.

바다집시 노인의 마음이 풍선이라면, 카오락 해변의 슬픈 등불처럼 두

둥실 하늘로 떠오를 것이다. 우기가 끝나고 할아버지는 코라섬으로 돌아갔지만, 국립공원으로 지정된 섬의 끝자락에는 모켄족을 수호하는 목신인 '로방'마저 다 뽑혀나가 버리고 그 자리에는 커다란 경고판이 나붙어 있었다. 그것은 쓰나미보다 무서운 사람의 말이었다.

-다시 코라섬으로 돌아오지 마시오-

# 비워둔 술잔

'인생은 나에게 술 한 잔 사주지 않았다'

J 시인의 시구가 머릿속을 허정대며 떠나지 않는다. 땅 위를 딛고 선 발끝에 바람이 숭숭 들었다. 골목길 포장마차의 황색 불꽃은 바람에 꺾이며 술잔을 기울이는 사람들의 손을 비추었다. 장막 같은 영안실 어둠이 건너편의 포장마차 불빛에 의해 더욱 쓸쓸했다. 나는 오열을 다 쏟아내지 못하고 밖으로 나와 낯선 도시에서의 낯선 밤을 지켜보며 찬바람을 들이켰다. 포장마차는 어느덧 사라지고, 새벽 일 나가는 사람들이 달빛을 지고 있다. 어둠은 달빛에 엷어지는데 그들의 앙당그린 등허리는 어둠처럼 컴컴한 채 버스를 기다린다.

부모보다, 자식보다, 남편보다, 친구보다도 술을 사랑했던 30년 지기 친구에게 나는 술 한번 제대로 사주지 못했다. 술자리에서 내가 집에 가자고 조를 때마다 술맛 떨어지게 한다며 나를 먼저 집으로 보내버리기 일쑤였다. 그리고 그녀는 학과의 남자 동기들과 호형호제하며 술잔을 자주 기울였다. 나는 그녀와 가까워지면서 그녀가 술을 좋아하게 된 이유를 알아가게 되었고, 나도 가끔 옆에서 한 잔씩 거드는 일이 생겨났다. 술은 그녀의 음울한 마음을 달래줌과 동시에 사람들의 굽어진 삶을 일순간 펴준다는 사실도 터득하게 되었다.

친구는 꽐꽐 목 넘김이 순조로운 날이면 술이 달다는 말을 쏟아냈고 술을 마시는 속도에 가속이 붙었다. 바쁘게 잔을 채워가는 그 시간만큼은 그녀 얼굴에 웃음꽃이 피었다. 그리고 그녀 목소리와 웃음소리에는 점차 기운이 넘쳐났다. 술이 혈관을 통과하면서 우울한 감성의 물꼬를 터주었는지 그때마다 그녀는 '한 오백 년'과 '칠갑산', '험한 세상에 다리가 되어'라는 노래를 기가 막히게 불러주었다. 사실 나는 신입생 환영회에서 그녀가 불러준 노래에 반해서 그녀를 좋아하게 되었다.

걸걸하고 호방한 그녀의 성격과 달리 어려운 가정의 현실은 늘 그녀를 외진 바람 속에 묶어 두었다. 혼자 벌어서 학비를 대야 했고 졸업 후 자기와 걸맞지 않은 남자를 만나 결혼하면서 내게 연락도 하지 않았다. 결국, 아들을 하나 둔 채 이혼을 하였고 홀로 서게 된 후로 강원도 평창에 들어가 조그만 사업을 하면서 십여 년간 혼자 살아왔던 것이다. 누구보다 제 심정을 헤아려 주고, 푸념을 그대로 들어주던 독한 술이란 놈은 말없이 자란자란 그녀 눈앞에서 일렁였을 것이고, 그것이 그녀의 유일한 낙이 되었던 것을 아무도 눈치 채지 못하였다.

최근에 걸려온 아침 전화 목소리마저 취기가 느껴졌다. 밤새워 마셨을 것이란 추측으로 내가 쓴소리를 한 적이 여러 번 있었다. 그 소리가 마뜩잖았는지 그 뒤로 한동안 내게 전화가 뜸하였다. 그리고 몇 달이 지나고 바로 두 주일 전, 졸업증명서가 필요하다고 전화로 부탁해 왔는데 느닷없이 친구 아들로부터 엄마가 혼수상태로 중환자실에 있다는 연락이 온 것이다. 순간 나의 온몸이 구렁텅이에 처박히는 느낌이었다. 간이 돌덩이가 되어버렸다는 친구는 산소 호흡기에 의지한 채, 원주 기독교 병원 중환자실에서 사경을 헤매고 있었다. 어둠 속에서 그렇게 스무날을 보내다가 말 한마디 하지 못하고, 그녀는 봄꽃 지듯이 세상을 버리고 말았다.

병세를 알고도 어쩌지 못한 채 목숨을 긋고 있었던 것을 나는 짐작도 못하였고, 걸려온 전화에 어쭙잖은 충고만 하였으며 허접한 내 심정을 늘어놓았다. 내내 잘 참고 살다가 친구에게 애먼 소리를 터트린 것이었다. 친구가 내 편이 되어 울었고, 힘든 친구에게 괜한 말을 한 것이 속상하여 전화통을 붙들고 같이 울기도 했었다. 그녀가 나를 중매한 죄로 듣기 싫은 소리를 내게 들었던 것이다.

친구의 죽음을 눈앞에 둔 절체절명의 순간에 내가 친구를 위해 해 줄 수 있는 것은 아무것도 없었다. 그저 허망한 마음의 웅덩이만 넓혀갈 뿐이었다. 끝내 친구는 입춘이 지난 눈보라에 가뭇없이 날아가 버렸다. 몇 날 몇 겹의 어둠을 뚫고 세상을 빠져나갈 때, 살고 싶지 않다는 한마디의 원성도 덜어내지 못하던 친구를 보내면서 나는 서러웠다.

성난 불길에 밀어 넣어진 친구는 붉은 글씨의 '통제구역' 안에 철커덕

갇혔다. 화구에 빗장 거는 소리가 '철그렁'하고 울리더니 철문이 세차게 흔들렸다. 화장을 시작하는 작동램프에 벌 건 불이 들어왔다. 그 철문은 세상 안에 황량하게 서 있는 나와 망연히 세상 밖으로 떠나는 그녀를 철저히 단절하고 있었다. 철문은 차디찬 세상의 껍질 같았다. 삶과 죽음은 그 문 하나로 극명히 통제되고 있었다. 그런데 세상에 갇힌 쪽이 오히려 나란 생각이 허우룩한 가슴 안으로 꾸역꾸역 차오르는 것은 왜일까.

어린 자식 떼어 놓고 살면서 흘린 눈물로 술잔을 채웠을 기나긴 시간, 그 시간을 내가 어찌 헤아릴 수 있을 텐가. 아들 한 번 따뜻하게 품어주지도 못했을 친구를 대신해서 그의 아들을 끌어안아 주었다. 들먹이지도 못하고 뱃속으로 울고 있는 그 녀석의 뻣뻣한 어깨를 감싸 안았다. 사는 게 죄라던가. 죄인들의 아랫도리를 바람이 사정없이 후려친다. 망자를 거둬가는 산중에 바람 소리가 포효했다. 펄펄 삼월에 눈보라를 동반한 눈이 내렸다. 아들이 엄마의 영정 앞에 술 한 잔 따르겠다며, 원수 같다던 술병을 챙겨 들고 눈발 날리는 언덕을 오른다. 목 놓아 울 수도 없는 원망과 연민을 술잔에 부어 내려나 보다.

'내 허튼 푸념 듣기 싫어 굽이진 산길로 숨어버린 너를 위해 술보다 못한 내가 이제야 네게 비워둔 술잔을 내민다. 네가 쓸쓸히 버티어낸 시간이 너를 놓아준 것처럼 나도 박정하게 너를 놓으련다. 친구야! 너를 아는 모든 사람이 술과 사랑에 빠진 너더러 그놈의 술 때문에 먼 길 떠났다고들 한다만 나는 안다. 그나마 너를 지금까지 살게 한 것은 그놈이었다는 것을. 그래~ 우리가 모진 인생에게 술 한 잔 사는 일이 차라리 쉽다는 것을 이제야 알 것 같구나.'

# 영월,
# 그 아름다움에 대하여

겨울의 목마름을 달래듯이 봄꽃들이 다투어 피어나와 세상을 들뜨게 한다. 4월에 유 화백이 멋진 그림 전시회로 내 가슴에 '꽃 비'를 내려주더니 5월에는 나를 문학 기행으로 초대하였다. 그곳에 가면 모두가 시인이 된다며.

강원도 영월로 떠나는 날, 동강과 서강의 물길을 생각하니 어느새 강 물빛이 바람을 타고 일렁였다. 산자락마다 진홍빛 꽃 무덤이 줄을 이었고 푸르러가는 나뭇잎들의 의젓함이 제법 풍성한 산 모양을 만들어 내었다. 낯선 사람들과 함께하는 여행이지만 문학이란 이름으로 동행하는 사람들의 얼굴은 모두가 꽃이었다. 옆자리에는 시인이 앉아 본인의 시집을 건네주었다. 바람결에 구름이 실려 가듯 책 제목 속으로 마음이 실려 갔다.

청령포는 단종의 유배지로서 어린 임금의 한이 서려 있는 곳인데, 가슴에이는 통곡과 설움이 묻힌 사연과 달리 고운 수채화 물빛과 청풍 다소곳한 물길, 부드럽고 기품 있는 푸르름이 한눈에 들어왔다. 감빛 돛대가 펄

럭이며 뱃머리를 돌리자, 바람을 타고 미송냄새가 배에서 묻어났다. 봄 강가의 풍경이 한 폭의 그림이 되었다. 배를 기다리는 저편 사람들에게 우리 모습이 또 하나의 풍경이 되어 줄 것이라는 생각을 하였다. 문학회 회원들은 저마다 가슴으로 사물을 보았고, 눈길이 가는 곳 마다 시심이 묻어나는 듯 보였다.

강폭은 그다지 넓지 않았다. 뱃머리를 돌리면 그 바람에 일어난 물결이 강 끝에 닿을 정도였다. 일행은 배에서 내려 자갈길을 걸었다. 어가(御家) 앞에 청령포에 대한 안내 팻말이 보였다. 몇 년 전에 조성된 터여서 세월의 눅눅함은 적었지만 '어의 시' 구절 속에 아주 오래전의 한과 처절하게 외로웠던 단종의 혼을 돌아보는 듯하였다. 한 소절을 옮겨 본다.

냇물은 돌에 부딪혀 소란하다.
산이 깊어 맹수도 득실거리니
저물기 전에 사립문을 닫노라.

권력의 노예가 되어 날뛰던 사람들을 맹수로 표현하였고, 사립문을 닫아 불의와의 단절을 묘사한 부분에서 청렴결백의 의지가 돋보였다. 세상 시류에 물들어가는 우리네 마음이 들켜버린 듯 가슴이 멍해졌다.

그 어가 왼편으로 나지막하게 뻗어난 소나무 한 그루가 문학회 카페 대문을 장식한 바로 그 소나무라고 하였다. 밑으로는 낮은 숲과 동강이 유배지 주변을 둘러 흐르고 있었다. 천추의 한이 서린 이곳이 이토록 아름다운 풍경으로 사람들을 사로잡는 것은 왜일까? 세월을 이겨낸 고통이 아름다움으로 승화한 때문인가. 한 줄기 햇살이 솔잎 사이로 부서져 내렸다. 땅심을 받은 민들레가 유난히 노랑 빛을 띠었고, 유배지를 휘돌아 흐르는 서강이 목 놓아 울어댄 단종의 통곡을 숨겨주기라도 하는 듯 유유히 흘렀다.

서강의 흐름을 한 눈으로 조망할 수 있는 망향탑과 노산대로 발길을 옮겼다. 형상이 기이한 소나무 한 그루가 나타났다. 치솟아 오를 듯한 용트림이 느껴지는 기송이었다. 관음송이라고도 하였다. 관음송의 자태는 예사롭지 않았다. 수양대군의 침탈에 희생되어 어린 나이에 '상왕'으로, 다음에는 '노산군'으로 강등되었던 불후한 임금님. 그 슬픔의 진노가 나무의 형상으로 남아 몇백 년이 흘렀어도 서쪽을 향해 꿈틀대고 있다. 사백 년을 살아도 못다 한 처절함이 송화가루가 되어 멀리 날아갔으리라는 생각에 고개가 숙여졌다.

강 흐름이 위에서 아래로 쭉 이어지는 모습이 한눈에 보이는 노산대. 강이 보이는 쪽으로 난간이 놓여있어서 그것을 붙잡고 가파른 길을 올라갔다. 가슴 깊이 들이켜지는 바람이 정신을 맑게 하였다. 서강은 옥빛 치마폭처럼 펼쳐져 유배지 오른편을 돌아 흘렀다. 온유한 여인네 허리처럼 휘어져 강 흐름을 부드럽게 만들었다. 정순 왕후의 시름이 느껴져서일까. 떼어 내쳐진 자식의 운명을 견뎌내야 했던 현덕 왕후의 시린 마음이 느껴져서일까. 서강을 바라보는데 그 시절의 통한과 절명 때문에 눈가가 시큰 하여왔다.

장릉으로 오르는 길은 깔끔하였다. 자갈을 군데군데 박은 황톳빛 포장 길이었다. 장릉은 중인이었던 엄흥도가 단종의 시신을 동강과 서강 합수 머리에서 거두어 엄 씨 선산에 모신 장소였다. 숙종 24년에 묘호를 단종이라 하였고, 능 호를 장릉이라 하여 지금에 이른 것이다. 묘는 산 중턱에 자리하고 있었고 조선 임금들의 여느 묘와 달리 자그마한 봉분이었다. 그 앞에 호랑이와 양의 석상과 혼유석이 놓여 있었다. 동강과 서강이 흐르는 영월, 이곳은 아름답지만 참으로 무정한 곳이었다는 해설사의 말씀이 귀에 남았다.

마지막 일정인 김삿갓 문학관으로 가기 위해 차에 올랐다. '든돌마을'이란 수석이 세워진 곳에서 멀리 문학관이 보였다. 지붕 중간이 삿갓 모양으로 만들어져 있어 금방 눈에 띄었다. 난고(蘭皐) 김삿갓의 좌상처럼 보였다. 빈 배와 삿갓을 동일시했던 시인, 자연을 벗 삼아 걸인이 되기도 하고 취객이 되어 떠돌던 나그네 김삿갓의 시 세계가 전시관에 펼쳐져 있었다.

기녀 '가련'을 사랑하고 떠돌다 거지의 시체를 보고 인생의 덧없음을 노래하며 가슴을 쓸어내렸던 김삿갓은 순조 때 권세 있는 가문이었다. 그러나 조부의 죗값으로 폐족이 되어 숨어 살게 되었다는 것이다. 그런 조부를 조롱하는 시제로 과거 장원이 된 삿갓은 결국 조상을 욕되게 한 죄목으로 죽을 때까지 세월을 방랑하게 되었다니…. 노루목에 김삿갓의 묘가 있었다. 죽어서도 거처를 옮긴 김삿갓을 보니 인생무상이 실감났다. 문학관 앞에서 김삿갓의 형색을 갖추고 모델이 되어주는 남자의 옥색 장삼 자락이 세차게 휘날렸다.

단종애사를 뒤로하고 멀어지는 영월의 산하는 온화하고 강직했다. 황량한 산중의 통한은 간데없고 영월은 여인네처럼 수줍은 모습이다. 고가의 뜰에 서서 정갈하게 손을 흔들어 주는 아낙의 느낌을 내었다. 풍경 소리 나직이 들려오는 아름다움이 간직된 곳이었다. 하루해가 저물고 영월은 그렇게 내게서 멀어져 갔다.

# 선물의 번지수

우리 집에는 정작 내가 쓰려고 산 물건이 별로 없다. 내가 두르고 다니는 목도리는 작은 아이의 학원 선생님께 선물하려다가 기회를 잃은 것이고, 내가 끼고 다니는 장갑도 아는 선생님의 사모님께 드리려고 마음먹고 사들였다가 전달할 시기를 놓친 것이다. 크리스마스 무렵에 즐겨 사용하는 빨간 포인세티아 문양이 선명한 금박 무늬 머그잔도 이사 간 자매님의 집들이 선물로 샀다가 전하지 못하고 쓰고 있다. 대부분 누군가를 사주면 좋겠다는 마음을 앞세워 오지랖을 넓힌 나의 구매습관이 낳은 결과물이다. 하지만 선물 사러 갈 시간은 없는데 선물이 다급히 필요한 경우, 또는 나를 잘 아는 이웃들이 가끔 내게 빌려달라고 요청해 올 때 그것들이 요긴하게 쓰일 때도 있기는 하다. 지금도 적절한 주인을 기다리는 자잘한 물건들이 쏠쏠하게 남아 있다. 액자. 찻잔, 주저 통, 시집, 손지갑, 손수건, 스카프 등등. 모두 어두운 다락에서 빛 볼 날을 기다리는 것들이다.

연말연시나 졸업 입학 등 신학기가 시작되는 이월부터 가정의 달 오월까지, 마음을 나누고 싶은 사람들을 떠올리면서 나는 선물을 장만하러 다닐 때가 많았다. 선물을 고르고 사는 일이 기쁜 마음이어야 하는데 내게는 일종의 스트레스였다. 지금도 선물에 대한 스트레스는 줄어들지 않았다. 상대에게 알맞은 선물을 잘 골라내는 일은 능력이고 재주란 생각마저 든다. 선물을 받을 당사자의 취향과 내가 지불할 수 있는 능력 앞에서 늘 저울질해야 하는 궁핍한 처지가 우선 마땅치 않았고, 정을 나누고 싶은 만큼의 여윳돈을 미리미리 채워놓지 못하고 살아온 너절한 자신이 답답하여 선물에 대한 스트레스가 가중되었던 터였다.

사실 선물이라는 것이 마음의 표현이고, 금액을 떠나 사람과의 관계적 의미가 우선인 것을 모르는 바는 아니다. 하나 이런저런 계산과 체면치레에 묶여 처음 집을 나설 때의 첫 마음은 오간 데 없고, 이리저리 돌아다니느라 발바닥은 피곤하여지고 머릿속은 뱅뱅 돌다가 그만 판단력은 저하되고 만다. 이럴까 저럴까 망설이는 마음으로 선택한 선물 꾸러미는 결국 쇼핑백 안에서 잠들기 일쑤였다. 그럴 때마다 어쩌지 못하고 꿈과 기회를 놓쳐버린 내 인생의 허망한 현주소를 보는 것 같아 안타까웠다. 아무튼, 선물의 번지수를 잃어버린 나의 물건들은 다락방 안에서 누군가를 위한 즐거운 비상의 날을 기대하고 있는 것이다.

언젠가 딸 아이 담임선생님께 드리려고 샀던 넥타이를 꺼내서 남편에게 선물한 적이 있다. 넥타이를 살 때는 담임선생님의 나이와 피부색을 고려하여 골랐기 때문에 남편에게는 잘 맞을 리가 없었다. 하지만 요즘 트렌드가 어쩌고저쩌고 호들갑을 떨면서 고상한 컬러가 당신에게 어울릴 것 같으니 매어보라며 그 넥타이를 내밀었다. 남편은 색이 마음에 들지 않았던지 별 말이 없었다. 명분도 없는 선물에 어색한 감이 없지 않았으나 그 넥타이를 매고 출근을 하였다. 남편 속마음이야 어떻든 간에 뒷모습을 바라보면서 나는 헛웃음을 참지 못했다. 늦게나마 선물의 번지수를 찾아간 물건은 어쨌든 어둠에서 해방되어 비상한 것이고. 나는 저축해 놓은 돈을 꺼내 쓰는 기분으로 돈 드리지 않고 선물한 것 같은 착각에 빠져서 기운차게 빨래를 널면서 그 넥타이에 대한 미련을 시원히 털어내었다.

지난 가을날 아침이었다. 빨래를 서둘러 끝내고 차 한 잔하고 있는데 전화벨이 울렸다.

"첼리아나 자매님, 집에 자매님 사진 있지요? 이따 미사 오실 때 사진 한 장만 꼭 갖고 오세요. 좀 필요해서요. 호호호."

산소처럼 맑은 인상의 고아네스가 부탁인지 명령인지 모를 사진 얘기를 느닷없이 전해왔다. 왜 사진을 달라는 걸까 궁금하였지만, 사진을 챙겨서 조금 이르게 성당으로 갔다. 성당에 먼저 와 있던 아네스가 반갑게 나를 불러 세웠다.

"미사 끝나고 잠깐 봐요. 요즘 자매님 너무 바쁘신 것 같고 더운 날을 피해 바람 좋은 날 잡으려다 시간이 조금 늦어졌지만, 자매님 등단하신 것 몇몇이 축하드리고 싶어서요."

갑작스러운 축하 얘기에 난 머뭇머뭇하여 어설프게 대답을 하고 전례 준비 때문에 급히 성당으로 들어갔다. 사실 내 등단을 축하해 줄 만큼 아네스와 각별한 사이는 아니었는데 이 일을 어쩌나 싶어 조금은 당황스러웠고 적잖게 부담이 되었다.

미사가 끝난 뒤 자칭 '자매님을 사랑하는 사람들'이라며, 고아네스를 비롯하여 낯익은 자매님들 몇이서 환하게 웃으며 내 팔을 끌다시피 하여 벤치에 앉혔다. 고아네스가 내게 사진을 달라고 하더니 자기가 준비해 온 물건을 꺼내었다. 나무로 된 수첩이었다. 하트모양의 홈이 파인 수첩 겉장을 열어 다음 장에다 사진이 하트 홈에 보이게 꼭 눌러 붙였다. '자매님을 사랑하는 사람들'이란 문구가 쓰여 있는 자그만 수첩을 내게 주었다. 안에는 내게 전하는 글을 각자가 정성껏 써넣었다. 성당 교우로서 가볍게 인사만 나누고 자판기 커피 정도를 서로 권하는 사이였는데, 여섯 명이 나를 사랑한다고 고백한 것이다. 내가 유명 인사도 아니고, 나와 그리 절친한 사이도 아니었는데 '자사모'라니! 어안이 벙벙해져 고맙다는 응답도 금방 나오지 않았다.

수첩의 겉장은 갈색의 나뭇결이 고왔고, 한서체가 조각되어 아주 고풍스럽고 정중한 느낌이었다. 겉장이 잘 넘겨지도록 세로로 홈을 내었으며 그곳에 가죽을 덧대어 편칭을 한 후 다시 자주색 가죽 끈으로 리본을 묶은 모양이 예사롭지 않았다. 고고한 품위가 느껴지는 그 수첩은 사실 고아네스가 십 년 전 중국 여행길에서 구매하여 보관하던 것인데, 글을 쓰는 사람인 내게 쓸모가 있을 것 같았다는 것이다.

"물건 주인 따로 있더라고요. 자매님 같은 좋은 사람이 제 옆에 있다는 것이 저는 참 행복해요."

아네스가 까르르 웃으며 내 팔짱을 끼었다. 활달한 아네스의 행동에 덩달아 기쁘게 웃었다. 누군가를 위해서 사심 없이 축하해 주며 살기에 요즘 세상은 너무 바쁘고 복잡해서 그런 생각을 쉽게 지워버리고 살 때가 허다하다. 무던히 기다렸던 가을이다. 국화꽃 향기만큼 싱그러운 바람이 내게 실려 온 가을 아침.

노오란 네 꽃잎이 피려고 간밤에 무서리 저리 내리고
내겐 잠도 오지 않았나 보다.

'국화 옆에서'의 시심처럼 농익은 가을 향기가 내 마음을 흔들었다. 하찮은 나를 나무 수첩의 최적임자라고 선택해 준 고아네스의 따뜻한 마음에 비해 나는 핑계만 늘어놓으며 얼마나 적당히 살아왔는가. 그 순간 여간 부끄러운 마음이 드는 게 아니었다. 마음을 전하기보다는 사회적 체면에 익숙해져가며 적당히 살아온 삶이 안타까웠다.

물건을 살까 말까 망설여질 때는 안사는 게 현명하고, 누군가가 보고 싶어서 전화를 걸까 말까 망설여질 때는 그 즉시 거는 게 지혜로운 선택이라고 누군가 말하였다. 망설임에 끌려 다니지 말고 바로 거기서 표현하라는 '지금 여기에서'의 인생을 살라는 충고였다. 이럴까 저럴까 쓸데없이 끌려

다닌 시간처럼 이웃에 대한 내 생각들이 쓸데없는 생각으로 가득하였다는 후회가 덜어졌다. 붉은 칸나의 정열처럼 뜨겁게 스며든 내 이웃의 축하 선물이 나의 선물 고르는 스트레스를 해소하여 주었다.

# 센 3기, 약한 2기

노란 스포츠 가방을 메고 모자를 눌러 쓴 건장한 청년이 병실에 들어선다. 달랑 가방 하나만 메고 서슴없이 혼자 들어오는 것을 보아하니 입원 경험이 많은 듯하다. 63병동은 장기에 손상을 입은 환자들이 입원하는 병동이라 밤낮없이 수술실을 오락가락하느라 분주하다. 암 환자라는 병의 심각성 때문인지 환우 간에 구체적인 질문은 삼가는 것이 이 병실의 불문율이다.

"또 한 번 잘 견뎌보자."

혼잣말처럼 극복의 의지를 다지는 그 청년 환자의 말소리가 고요한 병실을 울린다. 그는 슬리퍼를 갈아 신고 집에서 가져온 밑반찬을 냉장고에 넣기 위해 남편의 병상 곁으로 다가온다. 가까이서 본 그의 얼굴은 실상 청년 나이를 훨씬 넘겼다. 침상의 이름표를 살펴보니 웬걸 남편보다 여섯 살이나 위다. 그는 몇 십 년이나 테니스를 즐긴 운동 마니아였다고 한다. 운동으로 단련된 신체라 건장해 보인 것이다. 그는 정월에 대장암 수술을 받았고, 보름에 한 번 5일간씩 입원하여 항암 주사를 맞으러 오는데 이번이 네 번째 입원치료라고 묻지도 않은 말을 잘도 한다.

남편은 직장 쪽에 종양이 발견되어 입원 중이었다. 입원하기 전에 주량이 얼마나 되느냐고 묻는 의사의 질문에 남편은 하루에 소주 두 병 정도 마신다고 했다. 입가심으로 마시는 맥주 2병 가량의 덧 주량은 계산에 넣지 않은 대답이다. 인턴은 토, 일 빼고 일주일에 열병 정도로 합의한 숫자를 도표에 적어 넣었다. 음주를 시작한 나이를 스무 살쯤으로만 잡아 보아도 34년간을 지속해온 남편의 음주 행위가 결국 병마를 부르는 것이라 속단 하는데 별 어려움은 없었다. 환자 본인이야 인정하고 싶지 않겠지만, 몸에 과적 주량을 퍼붓고 오래도록 건강관리를 소홀히 한 범칙금을 이제 만만치 않게 치러야 할 판국이 온 것이다.

병은 몸의 물리적 고통을 동반하면서 신체적 임계치를 드러내는 신호이다. 술과 담배를 탐하면 즐거움을 동반하지만 스스로 절제하지 않으면 몸의 기능을 그만큼 손상케 하는 해악이 반드시 따르게 된다. 우선 사람이 병에 걸리면 습관적 행위를 멈추거나 절대 멈춤으로 바꾸어야만 회복이 가능해진다. 때에 따라서는 삶의 쉼표가 되어 심기일전하면 건강하게 새 삶을 살 수도 있지만, 회생불능의 처지가 되는 경우가 허다하다. 병실 안 사람들이 술과 일에서 벗어나 그러한 경우의 갈림길에 서 있는 것을 보면서 만감이 교차한다. 덜컥 몸이 넘어지고 나서야 정신을 가다듬는 것은 인지상정이다. 넘어진 자리에서 일어서려고 누구나 안간힘을 쓰지만, 몸을 혹사한 죄에서 풀려나기 위해서는 그동안 벌어 놓은 돈을 있는 대로 들여 가며 무진 애를 써야만 하는 것이다. 몸이 원하는 인생사용에 대한 새로운 코드를 찾아내는 기회가 주어지길 간절히 바랄 뿐이다.

초기인 줄로만 알고 있는 앞 병상의 젊은 남자는 림프와 다른 장기에 전이가 보인다는 3기의 조직검사 소견이 나왔다. 아내만 그 사실을 알고 있는 것이다. 집 장만하기 위해 맨날 자전거로 출퇴근하고, 투 잡을 하면서 열심히 살아낸 값으로 몸이 망가진 것이란다. 직장암 초기를 훌쩍 넘겼다는 우리 남편, 암의 진행이 몇 기인지 묻지도 않았다는 나이 든 청년, 간으로 전이되어 수술을 기다리는 중년의 남자, 소장을 빼낸 후 복원수술을 기다리는 영감님 등, 위기에 몰린 사람들이 한 병실에서 암과의 사투를 벌이고 있었다.

제 몸의 일부를 도려내야만 인생의 두 번째 기회를 얻을 수 있는 사람들. 순한 양이 되어 고군분투하는 사람들에게 수술의 흉터는 새로운 인생의 아름다운 훈장이 될 수 있기를 기대하여 본다. 그들이 모인 63병동은 천천히 제대로 살아내기 위해 모인 사람들의 인생 휴게소 같다.

암이 사람을 정복하겠다고 급성으로 덤벼들면 그 기수는 빠르게 늘어나고, 그 기수에 사람이 눌리면 세상에서 먼저 아웃되는 게 암의 법칙이란다. 다행히 의술이 좋아져 이제 암은 사형선고로 여기지 않게 되었지만 진행 기수의 최적 판단은 최신 의료장비로도 정확하게 드러나지 않는다는 데 아직 문제가 남아 있다. 뱃속을 열어서 그 속의 조직을 검출해야만 제대로 진행 상태를 알 수 있으니 환자는 칼끝과 맞설 두둑한 배짱을 지녀야 한다.

나이 든 청년은 시종 유쾌한 목소리로 운동 후 즐겨 마시던 막걸리 맛을 잊지 못하여 그림의 떡인 술 이야기를 늘어놓는다. 남편을 포함하여 다분히 술꾼들이 모인 이 병실의 환자들은 나이 든 청년의 경험에 뒤질세라 자신의 음주 담을 이야기하며 부어라, 마셔라 말을 섞고 있다. 밥도 제대로 먹지 못하는 사람들이 마시지도 못할 술 이야기에 빠져든 모습이 가여워 보이기까지 하지만, 대리만족인지 이상하게 환자들의 얼굴에 생기가 돈다.

나이 든 청년은 의사에게 자신이 몇 기인지 묻지도 않았다지만, 사실 검은 봉지를 씌운 항암주사액을 서른 두 통쯤 몸에 부어내야 하는 것으로 짐작하건대, 아마 자기는 센 3기였을 거라며 껄껄댄다. 센 3기라는 말에 병실 안은 폭소가 터진다. 보호자며 간호사들까지 뭔 일이 있느냐며 덩달아 웃는다. 센 3기는 4기의 희망적 표현이고, 4기는 말기의 다른 말이며, 말기는 죽음의 경고와 다름없는 불가항력의 말이다. 이미 정해진 기수가 걱정한다고 당장 바뀔 것도 아닌데 환자가 구체적으로 알아서 뭐하겠냐며, 자신의 불안을 희망으로 넘긴 나이 든 청년의 '센 3기'라는 표현은 병실에 있는 환자들의 약한 마음을 지옥에서 천당으로 바꾸고 긍정마인드 면역요법을 선사하고 있다.

그의 해학 넘친 배짱은 운명도 바꿀 듯이 씩씩하다. 그때부터 병실에서 그는 센 3기형으로 불린다. 남편은 센 3기라는 표현에 수술한 배의 실밥이 터질까 봐 배를 움켜쥐고 웃는다. 그 이후로 남편의 병세는 센 1기 혹은

약한 2기로 불렸고 센 3기형과 형 아우 하는 사이가 되었다. 수술 후, 생업을 접고 고향으로 내려가야겠다던 중년 아저씨도, 수술 후유증으로 장 폐색이 와서 공포의 3차 수술을 기다리는 남편도, 앞 병상의 젊은 아빠도 센 3기형의 웃음 바이러스에 전염되었다. 병실 밖에서 가끔 눈물을 보이던 새댁도 나도 그날은 모두 깔깔 웃어댔다. 수술 후 십 여일을 잠 못 자던 나의 고단함이 순식간에 사라지는 듯하였다.

사실 근 3개월 동안 남편 옆에 나란히 있으면서 오래도록 웃어본 적이 몇 번이나 있었던가! 이런 생각을 해도 되는지 아직 겁은 나지만, 63병동의 환자들은 건강한 제2의 인생을 꿈꾸어도 좋을 듯하다.

# 꿀맛

앞뜰에 살구꽃이 화사하게 피었다. 벌들은 꿀에 눈이 팔려 사람의 왕래도 모른다. 남편이 귀촌한 지 두 해째다. 금강 하류가 건너다보이는 곳에 거처를 정하고 농사꾼 흉내를 내는 중이라고나 할까.

작년에 남편은 한 동네에 사는 서 영감의 권유로 벌통 3개를 사들였다. 콩과 부추, 파, 옥수수 등을 심고 양봉을 시작하면서 사부자기 농사꾼이 되어갔다. 얼마 지나지 않아 남편은 얼굴이 퉁퉁 부은 망측한 사진을 메일로 보내왔다. 얼굴 살이 부어올라 두 배만 해지고 검 보랏빛으로 변해 있었다. 사람인지 괴물인지 모를 사진을 보자니 만감이 교차하였다. 어쭙잖은 양봉 일에 겁 없이 손을 댄 탓이라 직감했다. 인제 와서 나한테 뭘 어쩌라는 것인지…. 벌과의 동거를 쉽게 결정한 게 잘못이라 단정지었다. 눈이 퉁퉁 부어 떠지지도 않자, 손으로 눈을 벌려가며 걸어 다닌다는 얘기도 전해왔다. 하지만 정작 남편은 면역이 생기면 괜찮아질 거라며 내 생각보다 가볍게 여겼다.

며칠 후 시골로 내려가서 보니 뜰 안은 벌떼 소리로 넘쳐났다. 나는 몰려다니는 벌들을 피해 다니느라 곤욕스러웠고, 그럴 때마다 후다닥 부엌으로 숨어들었다. 제 영역이 아니라 여기는지 다행히 부엌 안으로는 들어오지 않았다.

서울로 되돌아오고 나서 달포가 지나갈 때였다. 벌통에 꿀이 차서 채밀을 해야 한다며 남편이 다시 도움을 요청해 왔다. 벌통 한 개에 벌집 판이 8개 정도 들어가는데, 초보자로서 벌통 3개를 채취하려면 일손이 더 필요하다는 것이었다. 농사일이라는 게 못줄이라도 잡아줄 동반자가 필요하다 하더니만…. 혼자 사니 어쩔 수 없는 일이긴 해도 벌에 쏘였던 남편의 얼굴이 떠오르면서 벌에 점령당한 내 모습을 상상하니 끔찍한 생각이 들었다. 방충망 모자와 장갑. 아래위 긴 외투로 겹겹이 싸서 입고 장화를 신으면 걱정할 것이 없다며 남편은 동참을 채근하였다. 남편의 말을 이길 수 없어 웅포로 다시 내려갔다.

벌통을 습격하려면 벌들이 일을 나가기 전을 노려야 한다고 했다. 둘은 이른 아침부터 복장을 완벽하게 갖추었다. 방충망이 앞으로 늘어진 모자를 쓰니 시야가 흐렸다. 서 영감님이 시범을 보여주러 와서는 나를 흘깃 쳐다보더니 망 투구를 쓴 내 모양이 그럴싸하다고 우정 추켜세워 주었다. 옷을 껴입어서 일을 시작하기도 전에 땀이 비 오듯 하였다.

서 영감님이 벌통에서 벌집을 꺼내 들면서 벌집을 제대로 쑤신 모양이다. 벌들이 귀가 먹먹하도록 벌 집 앞에서 아우성을 친다. 한두 번 당하는 일이 아니련만 문지기 벌 녀석들이 처음 당하는 일인 양 서 영감님에게 새까맣게 덤벼들고 있다. 제집이 송두리째 떨려 나가고 있으니 오죽하랴! 집 안은 온통 성난 벌떼 소리로 난장판이 되었다. 어떤 녀석들은 옷 위로 벌침을 놓기도 하였지만 부어오르지는 않았다. 왠지 슬슬 겁이 사라지면서 안전장비에 대한 신뢰가 생기기 시작하였다. 나는 상하좌우로 눈을 돌려가며 벌들의 필살기를 살폈다. 아프리카 사파리 여행을 즐기는 사람들의 심리가 이러할까? 조밀한 망 벽을 뚫지 못하면서도 죽기 살기로 덤벼드는 벌떼를 코앞에 두고 있자니 이상하게 용기가 나기 시작하였다.

서 영감님이 봉긋한 벌집 판 위를 밀도로 능숙하게 베어내 주면 꿀이 가득 찬 벌집 판을 남편에게 전달하는 일을 하였다. 장갑 낀 손이 꿀범벅이 되었으나 흐르는 꿀은 그야말로 그림의 떡이었다. 맛을 보려고 망 밖으로 입을 내놓는 순간에 내 얼굴은 벌 밥이 되고 말 것이기 때문이다.

벌들의 세계는 역할 분담이 분명하였다. 일벌은 원래 암컷의 유전자를 지니고 태어나지만, 로열젤리만 먹고 자란 여왕벌에 밀려서 중성으로 살아간다. 사람으로 치면 기가 찰 노릇이나 수벌은 교미를 마치면 집에서 쫓겨나 떠돌다가 노숙자 신세가 되고 만다. 또한, 일벌은 여성성을 잃어버린 채 여왕벌의 먹이 만 만들다가 죽어간다는 것이다. 한 모금씩 따온 꽃물을 일벌이 날개치기로 이레 정도 말려서 밀납으로 봉한 꿀을 우리가 즐겁게 쓱싹하는 날이다. 재주는 곰이 부리고 돈은 엉뚱한 놈이 챙기는 격과 다름

없는 판이다.

남편이 벌을 잘 보살핀 대가이지만 마음 한쪽이 찔끔하여졌다. 남편이 벌집 판을 원심기에 채워 넣고 손잡이를 돌리자 통 가장자리로 꿀이 주르르 흘러나왔다. 찔끔한 마음은 금세 사라지고 흐르는 꿀을 보며 나와 남편의 입가에 흐뭇한 미소가 번졌다. 생전 처음 농사 흉내 내는 일의 수확을 보는 느낌이 근사하였다.

동물의 세계는 철저하게 약육강식이다. 인간의 먹이 사슬 구조도 별반 다를 게 없을 것이다. 벌들이 순식간에 집과 식량을 잃는 일은 천재지변처럼 불가피한 일이었다. 약자의 모반이 쉽게 허락되지 않는 세상 이치와 매일반이었다. 여왕벌을 잘 모셔야 하는 일념에서일까, 벌통 근처가 다시 요란해지기 시작하였다. 길든 일벌들이 분연히 일어서는 중이다. 치열하게 살기 위한 투쟁이 시작된 것이다. 여왕벌은 사실 통치권자가 아니라 산란을 위해 일벌에게 사육되는 존재인 것을 존엄하신 여왕님은 알기나 하실는지. 일벌들만 투사가 되어가고 있었다.

꿀은 일벌의 신성한 노동으로 녹여낸 성물과 같았다. 그것은 여왕벌의 근엄한 산란과 일벌들의 몽매한 순종으로 얻어진 것이나 다름없었다. 우리는 문지기 벌들과의 전투 끝에 그들의 성물을 전리품인 양 그득히 취한 것이다. 강자의 몫으로 챙겨진 꿀은 오래도록 달콤함을 줄 것이다. 드디어 목덜미까지 막아주던 방충망 모자와 두꺼운 옷을 벗어내었다. 날아갈 듯 눈앞이 훤하였다. 이제 꿀맛을 볼 차례이다. 장갑을 벗고 손가락을 꿀에

쿡 찍어 올리려는데 난데없이 벌이 날아들었다. 두 눈 뜨고 그 꼴 못 보겠다는 것일까. 정작 꿀맛 보기가 쉽지는 않았다.

# 어둠을 허물다

# 소 방울 소리에

모과 꽃향기가 진동하던 외가 마을이 도시 숲 서편으로 아슴푸레 살아난다. 농부와 소가 한 몸이 되어 고향 집 대문을 나선다. 산과 들에 봄꽃이 숭얼숭얼 터져 나오고 있다. 황톳빛 밭두렁 위로 푸른 싹이 돋아 오르고 아지랑이가 스멀거린다. 워워~, 소방울 소리를 실어 나르는 농군들이 논밭에 우뚝 선다. 우직한 소의 발걸음이 논에 스며들고 해찰하는 소를 나무라는 농부의 손길이 고삐를 당긴다. 황소가 눈을 끔뻑이며 천천히 쟁기를 끌고 있다. 쟁깃밥이 후루륵 떨어지면서 포슬포슬하게 땅심이 골라진다. 농부들의 다리에 힘이 붙기 시작한 것이다.

겨우내 외양간에 갇혀있던 소가 몸이 풀리는지 음머음머 맛있게 소리를 내고, 새참을 이고 가는 아낙네들의 발걸음이 가볍다. 등에 업힌 아이들도 밭두렁의 봄바람을 맞으며 덩달아 신이 났다. 농군은 소와 동무하며 논밭에서 해가 지도록 일을 하고. 해가 기울 녘 소와 농부는 집으로 돌아온다. 해 설핏한 언덕을 뒤로하고 개울을 건넌다. 집집이 저녁 짓는 연기가 굴뚝을 타고 올라 노을빛 구름과 섞인다. 이윽고 소와 일꾼이 대문을 열고 천천히 들어온다. 대청마루에 고봉 밥상이 차려져 있고, 삼촌이 마루에서 큰 소리로 일꾼을 부른다.

"일꾼 양반 어서 와 밥 묵소오~!"

정희 언니가 마루 끝에서 큰외삼촌이 하는 소리를 따라 했다. 나도 그 옆에 붙어서 양손을 입에 대고 개미 소리만한 소리로 일꾼을 불러보았다. 잠시 후 일꾼은 토방 아래에 있는 우물가로 가서 흙 묻은 몸을 씻었다. 씩씩한 일꾼의 모습이 아빠처럼 보였다. 일꾼은 순식간에 고봉밥을 남김없이 먹어치웠다.

엄마는 가끔 바느질감이 늘어나 일손이 바빠지면 나를 외가에 맡겼다. 낮에는 나 혼자 잘 놀다가도 해만 지고 나면 대청마루의 기둥에 얼굴을 묻고, 작은 눈을 까막거리며 엄마를 찾았다고 할머니가 여러 번 말해 주었다. '울 엄마 지금쯤 꽁치 사러 장에 갔건네 할무니…' 기둥을 붙들고 오물오물 내놓던 소리는 꽁치 생각보다 엄마가 보고 싶다는 소리였던 것을 할머니가 모르실 리 없었다. 그 마음을 들키지 않으려고 나는 대청마루 기둥에 붙어 있다가 할머니의 치마꼬리를 붙들고 늘어졌다는 것이다.

외할머니는 나만 보면 그 소리를 반복하셨다. 그러던 것이 저리 많이 컸다고 나를 가리키며 지나간 자신의 세월을 굽어보셨다. 나를 보고 흐뭇해하시면서도 자신보다 먼저 세상을 떠난 엄마가 생각나시는 지, 덧없는 자신의 인생을 돌이켜 보시는 건지 눈가에 물기가 배어 나왔다. 세월이 덧없는 것이 아니라 우리가 예측할 수 없는 삶의 본 모습이 덧없는 것이 아닐까 생각하였다. 한 호흡의 순간이 이 세상 시간의 문턱을 넘어서는 순간 삶과 죽음은 경계가 분명해지는 것이라니.

몇 해 전 엄마가 치매를 앓다가 외할머니보다 먼저 세상을 뜨셨다. 딸을 먼저 보내야 하는 허망한 자신의 삶을 할머니가 예측이나 하였겠는가. 요즈음 경로당 가는 길도 잃어버리기 일쑤여서 집에만 계신다는 외할머니의 소식을 듣고 내 어머니에 대한 그리움이 빈집에 들어차는 바람처럼 밀려들었다.

일꾼은 젊음을 바쳐 외가를 위해 열심히 땅을 일구었다. 일을 마치고 돌아와 몸을 씻을 때 두레박질로 연거푸 우물물을 퍼서 내 발을 씻겨 주기도 했다. 정희 언니의 말을 따라서 "일꾼 어서 밥 묵소오~오~" 하고 내가 장난을 친 것이 멋쩍었던지 일꾼의 밥상 앞에서 알랑거렸던 기억이 난다. 할머니는 혀를 끌끌 거리면서 '이쁜 내 갱아지'라고 나를 이뻐라 하고 내 머리를 쓰다듬어 주었다. 여물죽을 맛나게 먹은 외양간 소도 방울 소리를 잠재우며 하루의 고단한 몸을 푸는 봄밤이었다. 밤안개가 자욱이 내려앉은 사기실의 향기로운 봄밤이 달빛을 받으며 거무숙숙 익어갔다.

정희 언니가 나이 마흔여덟에 희귀병으로 세상을 떠났다는 소식이 날아왔다. 섭섭한 마음이 턱에 차올랐다. 나는 서울에 삶의 터전을 잡은 지 오래이지만, 외가에 대한 기억은 노을빛 속에 숨어 있다가 불쑥불쑥 내 마음을 울렁이게 하였다. 정희 언니의 경쾌한 목소리와 까르르 함께 웃던 웃음소리가 그때마다 동반되었다. 외가의 포근한 저녁 풍경이 달콤한 봄바람과 섞이면서 배꽃 아래 슬프게 빛났다. 소 방울 소리가 스며들던 그 봄날의 저녁, 서울 동생이라고 더 알뜰히 챙겨주던 정희 언니의 다정한 손길을 장례식 내내 잊을 수가 없어 며칠 밤을 설쳤다. 웃음소리가 내 귓전을 맴돌았다. 구름처럼 떠다니던 옛 기억들이 나뭇잎 글러다니듯이 마음 속을 떠돌아다녔다. 대문 옆 연자방아를 놀이터 삼아 같이 쿵쿵거리며 깔깔대고 어깨를 맞대고 사랑채 아궁이 앞에서 소 여물죽을 끓이며 언니와 떠들어대던 소리가 잠자는 소의 방울 소리에 담겨져 있을 것으로 생각하였다.

외가의 소 방울 소리는 아쉽게 사라졌다.  둘째인 정애 언니 부부가 그곳으로 들어가 새로이 농사를 짓고 있지만, 규모가 작고 농사 방법도 달라져서 이제 소로 쟁기질을 하지 않는다. 하지만 할머니와 엄마가 드나들던 정주간에는 여전히 풍구가 남아 있고, 가마솥이 여전히 달구어진다. 부뚜막이 뜨뜻하게 살아나고 있다. 빈 외양간을 바라보며 그 옛날의 묵중한 소 방울 소리를 떠올려본다. 서둘지 않는 소의 걸음은 질서 있는 꾸준한 삶의 표본이다. 소 방울 소리에는 우보에 비례하는 큰 울림이 담겨있다. 그 울림은 땅을 일궈가는 소리였으며, 그곳을 지켜가던 사람들에게 죽비 소리가 되어 주었다. 소방을 소리는 피붙이들과의 윤회를 매개하는 생명의 소리이기도 한 것이다.

잊혀가는 소 방울 소리가 무르익어가는 봄날 저녁 구름 한 점이 아련히 개울을 건너오고 건너간다. 영화 '집으로'의 한 장면이 떠오른다.

# 세월 깁는 밤에

유난히 별이 높아 보이는 겨울밤이다.

내 어릴 적 엄마는 이런 밤, 백열등 아래서 손바느질을 자주 하였다. 구멍 난 양말과 닳아 해진 버선 뒤꿈치에 헝겊을 오려 붙이고 촉 나간 유리알 전구를 몽글게 대었다. 양말뒤축을 요리조리 만지는 손길 안에서 끊어진 필라멘트는 미세하게 흔들렸다. 덧댄 부분이 두툼해지지 않도록 엄마가 천을 몽글게 펴면 쓸모없어진 알전구는 발 모양대로 깁을 수 있도록 제 몸을 헝겊에 밀착시키며 엄마의 바느질 도구가 되어갔다. 언뜻 황소바람이 문풍지를 두드리면 가라앉은 엄마의 목소리가 그 뒤를 따랐다.

"밖에 누구 왔소? 아무도 아닌 감네."

엄마의 혼잣말은 몇 번인가 들려오다가 구멍 난 양말 속으로 숨어버리곤 하였다. 다음 날 아침이면 주섬주섬 짝 맞춰진 양말들은 도톰해진 발뒤꿈치를 서로 맞대고 윗목에서 우리의 손길을 기다렸다.

어느 설날 새벽, 나는 실로 잊히지 않는 광경을 보았다. 사람이 실제로

벽에 붙어 서 있는 듯 두루마기 두 벌이 나란히 옷걸이에 걸려 있는 것이 아닌가. 설 이틀 전까지만 해도 시침된 채 방 한 구석에 밀쳐져 있었는데 어느새 제 모양이 갖춰진 것이다. 엄마는 평상시에 천천히 일을 해내는 편이었고 그에 비해 아버지는 성미가 조금 급한 편이었다. 성품이 차분하여 행동이 차근차근한 것을 아버지는 엄마가 느리다고 단정한 거였다. 아버지는 조실부모하여 막내로 자란 탓인지 잔정을 많이 그리워했고, 자그마한 일도 누구에게나 자랑하기를 좋아하였다. 이번에도 설빔으로 엄마가 준비하고 있는 두루마기를 입고 설을 맞고 싶은데, 그렇게 되지 못할까 봐 걱정이 앞선 모양이었다. 설을 며칠 앞두고 마당에서 차분히 솥 냄비를 닦고 있는 엄마에 대해서 아버지는 기어이 내 앞에 불만을 늘어놓았다.

"니그 엄마는 어째 저리 느린가 몰라야. 팽생 그릇만 닦다 판 나것다 판나. 낼 모레가 설인디, 난 폴새 포기했다, 포기했어."

두루마기 입기를 포기했다는 아버지의 말씀은 역으로 간절히 바란다는 의미인 걸 엄마가 모를 리 없었다. 빙긋이 웃기만 하던 엄마는 평생 솥을 닦을 판이라는 잔소리를 들은 날 밤부터 다음 날 밤까지 이틀을 꼬박 새워 두루마기를 완성해 낸 것이다. 두 벌을 짓느라고 더디었던 것을 우리는 아무도 몰랐다. 엄마는 벽에서 한 벌을 걷어내어 보자기에 조심스럽게 싸주며 큰 아버지 몫이니 큰댁에 갖다 드리라고 하였다. 엄마의 두 눈은 벌겠고 얼굴은 푸석하였다. 아버지 것을 지으면서 손위 시숙님이 마음에 걸려서 소리 없이 두 벌을 지으신 거였다.

옷을 짓기 위해 방에 늘어놓았던 바느질 도구들은 엄마의 일부가 되어 갔다. 혼수품 1호였던 재봉틀은 집을 옮길 때마다 볕이 잘 드는 곳에 모셔졌고, 자질구레한 바느질꾸러미와 돌돌 말린 필목, 헝겊 뭉치들은 장롱 서랍이나 구석에 박혀 있다가 엄마의 겨울밤 동무가 되었다. 바느질 도구들이 방바닥에 널브러져 우리 발길에 차이기도 하였지만, 그것들은 엄마의 손끝에서 천이 마름질 될 때마다 식구들의 날개 짓기에 동참하는 공을 쌓아 갔다.

동짓달 중순이 가까워지면서 엄마는 설빔 준비를 하였다. 밀가루 포대 안 종이에다 본을 뜨고 천을 마름질하면 기본 준비는 끝이 났다. 불빛에 눈이 시려 잠에서 깨어보면 엄마는 윗목에서 한 결로 그리고 자르고 시치면서 자분자분 바느질을 하였다. 나는 누운 채 그 곁으로 뻑뻑 기어가서 엄마의 엉덩이 밑에 손을 밀어 넣었다. 엄마의 온기 때문인지 나는 다시금 쉽게 새 잠에 빠져들었다.

앞마당의 대추나무 사이로 흰 눈이 포슬포슬 내리는 날이면 엄마의 바느질 모습은 창밖 풍경과 잘 어울렸다. 그때 엄마는 무슨 생각을 하며 옷을 짓고 구멍 난 양말을 기웠을까? 넉넉한 살림도 아니면서 동기간의 군식구들을 여러 명 보살폈으니 부부지간에 어찌 다툴 일이 없었을까마는 엄마는 그다지 티를 내지 않았다. 엄마는 헝겊을 잇고 잇는 바느질을 멈추지 않았다. 아버지의 목청이 커지고 문 여닫는 소리가 간혹 높아질 때도 있었지만, 아버지와 맞서지도 않았다.

한 해 두 해 껴입은 세월 옷 탓인지 어깨가 늘 무지근하다. 내가 걸친 옷이 얼마나 해져 있는지, 내게 잘 맞는 옷을 제대로 입고 살아온 것인지 되묻고 싶어진다. 야근하느라 귀가가 늦은 아들의 양말을 꿰매면서 엄마의 바느질 도구였던 알전구를 생각하였고, 미세하게 떨리던 알전구의 몸속을 떠 올렸다. 불안정한 나의 현재 상황이 그 날의 필라멘트처럼 흔들리고 있다는 생각에 마음이 머물렀다.

남편은 몸이 건강치 않아 직장 일을 내려놓고 요양차 시골에 가 있다. 남편의 와이셔츠를 다리는 일이 거의 없어지고 아들의 와이셔츠를 다리는 게 이제 일상이 되었다. 그만큼 나이를 먹은 것이다. 그럴 때마다 남편의 건강이 마음에 걸려 마음속은 필라멘트의 흔들림처럼 소란 없이 흔들리다가 한숨을 길어 올린다. 삶의 구멍이 메울 수 없는 크기로 커져가는 느낌이다. 남편이 씩씩하게 직장에 다닐 때는 느끼지 못하던 감정을 만난 것이다. 서로의 옆이 되어주는 일도 마음대로 되지 않음을 덤덤히 알려주는 세월 탓에 혼잣말이 늘어간다. 말없이 글썽이다 양말 속으로 스며들던 엄마의 눈물이 돌이켜진다.

헌 양말의 구멍을 한 올씩 감쳐낼 때마다 서운한 마음도 함께 붙잡아 매었을 어머니. 세월 깁듯 소리 없이 삶의 구멍을 기워갔을 어머니가 보고 싶다. 지문이 닳아지도록 솥을 닦고 식솔의 옷가지를 매만져주던 엄마의 손길을 잃은 지 오래지만, 지금도 겨울밤이면 내 곁에서 세월과 어긋해져 가는 나를 품어주신다. 그 품의 온기가 날마다 세상의 아침을 내게 데려다 주고 있는 것 같다.

손질한 아들의 양말을 가지런히 개어서 서랍에 넣는다.

# 또 다른 모정

아버지의 열세 번째 기일을 지내고 집으로 가는 길이었다. 새벽 달빛이 길가까지 내려와 초여름 밤바람과 속삭이고 있었다. 아버지는 오 형제 중 막내로 자랐다. 호열자란 열병이 마을에 번지면서 갑작스레 부모님을 삼 일 간격으로 여의었다. 병사(病死)임을 알리려고 집 주변 울타리에 흰 광목천을 빙 둘러쳐서 타인의 접근을 막아 마을의 피해를 줄였다. 친지 조문객들마저 마음 놓고 문상을 올 수 없는 처지의 장례를 치른 것이다. 눈 깜짝할 사이에 아버지는 고아가 되었고, 어린 나이에 절벽 같은 슬픔을 간직하게 되었다.

내 기억 속의 아버지는 어른이어도 아이처럼 애처로웠고, 아버지에 대한 내 애틋한 감정은 봄꽃처럼 스멀스멀 되살아나 꽃 피는 시절에도 마음을 아프게 하였다. 아버지는 밥상에 둘러앉은 우리를 바라보며 외로웠던 자신의 유년시절을 넋두리하시곤 하였다.

"세상에 부모 없는 자식처럼 불쌍할라 디야. 세상에 젤로 불쌍한 것이 부모 없이 사는 자식들이어야.”

밥을 먹다가 그 이야기를 들을라치면 왜 그리 눈물이 쏟아지던지. 참으려 해도 참아지지 않았다. "참말로 그때는 마음이 어찌나 폭폭 하던지." 하시며 아버지가 눈시울을 붉히시면 나는 끅끅 울음소리를 삼키느라 애를 먹었다. 너는 아버지랑 엄마가 있는데 뭣이 그리 서럽냐. 내가 자식들 앞에서 괜한 얘기를 했는가보다 하시며 천정을 올려다보셨고, 나는 고개를 숙인 채 하염없는 눈물을 보였다. 10살짜리 아이가 부모 없이 살아갈 방도를 생각하다가 뒷산 언덕배기로 내빼 꼴을 베러 다녔다니!

외로움을 달랠 심산으로 아버지는 담배를 일찍 태우게 되었고, 그놈의 담배 때문에 셋째 형에게 죽게 얻어맞았던 이야기도 전했다. 그 뒤로 나는 셋째 큰아버지가 밉고 무서웠다.

초상이 끝나고 며칠이 지난 뒤 아버지는 둘째 형과 동네가 바라보이는 언덕에 나란히 앉았다. 해가 긴 여름이라 다른 때 같으면 친구들과 전쟁놀이에 빠져있을 시간에 두 형제는 서로의 할 말을 찾지 못하고 어색하게 침묵을 지키고 있었다. 둘째 형이 먼저 침통한 목소리로 말을 꺼냈다.

“막내야, 인자 우리 엄마 아버지가 이 세상에 안 계신데 너 혼자 시상을 살아갈 수는 없는 일 아니겠냐. 어쩔래? 앞으로 너는 누구를 따라가 살고 싶으냐. 큰 누나는 출가외인이라 영암 가서 살 수는 없는 일이고, 결혼한 성이라고는 큰 성이랑 나 뿐인디, 나랑 살아도 아무 상관 없시야. 아무튼,

네 맘을 듣고 싶어서 물어보는 것잉께 다른 걱정은 말거라."

아버지는 그때 쉽게 대답할 수가 없었다고 했다. 맥없이 하늘을 쳐다보다가 눈을 까막거렸고 형 쪽으로 눈을 한번 돌렸다가 이내 하늘바라기만 하였다고 했다.

"성 생각에 큰 성은 무랑 태수(게으르고 책임감이 부족한 사람을 일컬은 말)라 너를 맡기기에는 믿음성이 적고, 셋째는 너한테 호랑이 같이 굴어 뜻이 안 맞을 것 같다. 넷째는 아까 물어봤는데 큰 성한테로 갈란다고 하더라. 막내야 말해 보니라, 어째 말하기가 힘드냐? 왜 안 그러겠냐. 이런 말을 하는 성 맘도 편찮으니 속상해는 말그라."

아버지는 망설임 끝에 가라앉은 목청을 끙끙대며 작은 소리로 대답을 하였단다.

"성아, 나 그냥 둘째 성 따라갈라네. 그러면 안 되건능가? 둘째 형수가 날 이뻐하니까 난 그냥 성하고 여그서 살라네."

열 살짜리 어린아이가 부모 잃고 살길을 정해야 하는 마당에 어린것의 답변은 마음 아프게 눈치가 빨랐다. 그러고 나서 아버지는 어머니 얼굴이 떠올라 소맷부리로 눈물을 훔쳐가며 울었노라고 하였다.

그 뒤로 아버지는 결혼할 때까지 둘째 형과 함께 살았고, 어느 형제보다 우애지게 살아오셨다. 둘째 형수는 아버지가 어릴 때 시집왔기 때문에 아버지의 발가벗은 몸을 씻겨 주고, 맨몸을 밥통 인양 아랫목 이불 속에 묻어 주기도 하였다는 것이다. 엄마처럼 구순 밥을 해 먹이며 살갑게 길러주신 형수의 공을 아버지는 평생 잊지 않으셨다. 그런 까닭인지 둘째 형수는 아버지가 돌아가셨을 때, 자신의 자식을 잃은 것 이상으로 섧게 통곡하였다. 손수 밥을 지어 시동생인 내 아버지의 상석을 하루도 빠짐없이 올렸고, 아예 우리 집에 머무시면서 백일 동안 상방을 지켜내셨다. 사실 어머니는 사업 실패에 따른 충격으로 아버지가 돌아가시게 되었다는 자책감에 시달리고 계셨던 터라 오히려 둘째 큰어머니가 아버지를 더 극진히 추모했던 기억이다.

아버지와 둘째 형수와의 사이에 웃지 못 할 사연 하나가 또 있다. 그 시절에는 다른 여자 보는 일이 흔하였던지 잘생긴 둘째 형에게 '진도네'라는 작은 여자가 생겼다는 소리가 영산포 바닥에 파다하였다. 형님이 진도네 집에 들락거린다는 소문을 아버지가 어디서 듣고 영산포 읍내를 수소문하여 진도네 살림집을 기어코 찾아내었다는 것이다. 아버지가 그녀 집에 찾아가서는 우리 성하고 살라면 나까지 책임지라고 억지를 부렸고, 시동생 자격으로 그녀의 집을 수시로 드나들었다는 것이다. 아버지는 일부러 흰색 옷만 골라 입고 다니면서 하루에도 몇 벌씩 빨랫감을 만들어 내는 작전을 펴 그녀를 곤욕스럽게 하였다. 그리하여 급기야 진도네가 둘째 형에게서 떨어져 나가게 되었다. 그녀를 형에게서 떼어낸 일등 공신이 아버지가 된 것이다.

큰어머니로서는 일부러 시키지도 않은 일을 시동생이 알아서 해준 덕택에 고약한 강짜 부리지 않고 여자 문제를 깨끗이 해결한 셈이니 여자로서 어찌 고맙지 않았을까. 큰어머니에게 막내 시동생은 둘도 없이 듬직한 존재가 되었고, 민망해진 둘째 형은 형수에게 면목 없는 일을 치른 이듬해에 남양만으로 징용을 떠나셨다는 이야기다. 부모님을 일찍 여의고 형수 밑에 자란 아버지는 형수에게 또 다른 모정을 느꼈던 것이다. 둘째 형수 또한 남편보다 듬직한 부분을 시동생에게서 찾았던 것이고.

세월은 유령처럼 나의 은인들을 순서 없이 데려가고 데려온다. 아버지는 세상에서의 마지막 이별을 앞두고 어머니! 어머니! 어머니! 세 마디 외침을 고하고 돌아가셨다. 지금도 그 소리는 내 귀에 쟁쟁하다. 아버지로서는 어머니에 대한 그리움이 남달랐던 터이다. 누구나 자신의 몸이 아플 때 혹은 어려운 상황에 처했을 때 입에서 터져 나오는 소리가 어머니 아닌가.

솔향기 그윽한 나무 아래에 가서 이젠 푹 쉬고 싶다며 자기 죽음을 예견하던 내 아버지. 선산 아래 배나무밭에서 배따는 아낙들의 노랫소리를 지금 듣고 계실까.

'이윤형!'

내 아버지의 이름을 불러 본다. 보고 싶어요, 아버지.

# 조등이 된 은행나무

영안실을 찾아가는 길이 퍽 멀었다. 길가에 늘어선 은행나무는 온통 샛노란 색을 띠고 있었다. 은행나무가 조등(弔燈)을 대신 하는가. 그 나무에 비껴든 하늘은 잿빛이었다. 하늘빛과 노란 조등, 영안실 안팎을 드나드는 희고 검은 상복 빛깔들이 그녀의 슬픔과 맞서서 묘연한 분위기를 만들어내고 있었다.

입관실로 향하는 동안 내 머릿속은 온통 그녀의 통곡 소리로 가득했다. 입관실 유리창 밖으로는 몇몇 그림자가 서성였고, 이미 곡(哭)에 지친 상주들의 목소리가 간헐적으로 이어졌다.

남편과 악만 퍼붓고 살아왔다고 그녀가 내게 토로한 것은 몇 달 전이었다. 결혼 생활 30년 동안 그 절반을 각방 살이 하였다고 말했다. 지나간 세월의 절반을 버텨내느라 남편이 병이 났을 것이라며 그녀가 말끝을 흐렸다. 잦아드는 그녀의 말소리는 마치 단조의 타령 같았다.

남편에게 병이 생긴 뒤, 두 해 동안이나마 그들에게는 잃어버린 사랑을 되찾는 시간이었다. 남편의 병세가 급격히 나빠지자, 10년 만, 아니 7년, 나중에는 5년 만이라도 살아 있게 해달라고 소원을 줄여보았지만 그리되지 않았다고 하였다.

입관실의 침묵을 깨고 연도 소리와 성가가 들려오고 잠시 후 고인의 시신이 냉동실에서 밀려나왔다. 하얀 시트가 젖혀지고 침대 위에 반듯하게 누운 그녀의 남편이 보였다. 폐부 깊숙이 묻혀 있던 회한과 분노가 터져 나온 것일까. 입관실 창을 들여다보던 그녀가 정신 나간 사람처럼 웃기 시작하였다. 그러더니 이내 웃기는 짓들 그만두라고 악을 쓰며 유리창을 깰 듯이 두드렸다.

가족들의 만류로 창문 두드림은 멈추었지만, 그녀는 버둥대던 몸을 맨 바닥에 놓아버렸다. 몸이 뻣뻣해지고 얼굴이 일그러졌다. 일상의 평화가 무참하게 어그러져 나간 현실처럼 그녀가 실제로 나동그라졌다. 아들이 부둥켜안았지만, 소용이 없었다. 입관식은 중단되었다. 쓰러진 그녀를 간신히 휠체어에 태우고 영안실 건물 밖으로 나왔다. 그녀는 넋이 나간 채 이따금 할렐루야를 외치다가 맥없이 고개를 떨어뜨렸다. 나는 그녀를 바라보고만 있었다. 내 남편도 같은 병을 얻어 수술을 받고 회복 중인 터라 남의 일 같지 않은 불안감이 엄습하여 왔다. 문득 영안실 건너편 언덕배기에 빼빼 말라가고 있는 토끼풀 무더기가 한 줄기 빛처럼 내 시야에 들어왔다. 나는 휠체어를 밀어 그쪽으로 다가갔다.

수많은 이파리 속에서 행운의 네 잎 클로버 찾기는 버릇처럼 해온 일이었다. 일상의 행복을 몰라라 하고 행운 찾기에 열중한 순간들이 정말 무의미하다는 것을 알아챘다. 세상에 존재하는 것 자체가 축복이었고, 한평생 살아가는 동안 서로 등을 기댈 수 있는 것 자체가 행운인 것을 모르고 살아온 나의 어리석음이 일깨워졌다. 저 토끼풀은 내년 봄에도 언덕을 하얗게 풀꽃으로 채우러 올 것이다. 그녀의 허전한 가슴에 그 꽃대가 피어오르길 바라며, 나는 휠체어 손잡이를 꽉 쥐었다.

며칠 후 그녀의 집을 방문하였다. 그녀가 내게 보여준 남편의 수첩에는 살던 집을 줄여가야 할 때를 대비해서, 집을 파는 시기며 새집 고르는 방법이며 관공서 일을 보는 요령까지 모든 일의 수행 방안이 깨알같이 기록되어 있었다. 혼자 남겨질 아내의 삶을 대비해 주고 떠난 남편의 마지막 사랑의 증거를 본 것이다.

낡은 수건이 그녀 침대 머리맡에 놓여 있었다. 남편의 냄새가 날아 갈까 봐 차마 그 수건을 빨지 못하고 있다고 말하는 그녀의 눈빛은 어느새 젖어 있었다. 그녀에게 자꾸 나의 모습이 덧씌워졌다. 남편은 고작 수건 냄새로 그녀 곁에 남았고, 그녀는 그 냄새를 지키고 있었다. 이제 남은 일은 아내의 생활 법률서가 된 남편의 수첩을 들고, 남편 명의로 된 소유물들의 이름을 지우러 다니는 것이라고 말했다.

고막을 찢을 듯한 소리에 고개를 들어 하늘을 올려다보았다. 제트기가 지나간 하늘에 구름 터널이 길게 생겼다. 그곳의 끝에는 분명, 천국으로 가는 문이 있을 것으로 생각하였다.

산야는 붉게 물든 나뭇잎으로 훨훨 타올랐다. 그가 돌아갈 천국 문이 어디쯤 열려 있는 것일까. 수첩을 남기고 떠난 사람, 천국 문 앞에 이미 당도하였을 그를 다시 그녀에게 돌려보낼 수는 없는 노릇이었다. 은행나무 사이로 사라져 가는 그를 배웅하는 길은 구불구불하였다. 산등성이를 오르는 길에 금빛 홍빛 단풍이 늘어서 있었다. 조등이 된 은행나무도 질펀하게 산중을 밝혔다.

# 오래된 편지

현충일 아침이라 잠자리에서 느지막이 일어났다. 켄들워머에 주전자를 올려놓고 다기 잔을 헹구려다 TV에 시선을 보낸다. 한 여인의 오래된 편지가 소개되고 있는데 밖에서는 묵념 사이렌이 울린다.

편지의 주인공은 결혼 4년째 되던 해 1952년, 남편을 전쟁터로 떠나보내야 했다. 첫아이의 해산을 한 달 정도 남겨두고 전쟁터로 떠나간 남편은 총알이 빗발치는 전선에서 스물다섯 통의 편지를 보내왔다. 아내가 몸 푸는 것을 지켜보지 못한 남편의 안타까움과 그리움이 편지에 깨알같이 담겼다. 남편은 집에서 부쳐온 아들의 백일사진을 보고 또 보며 가슴에 품고 있다는 소식을 전해 왔고, 다음 편지는 우리의 뜨거운 만남이 머지않은 것 같다는 소식이었다.

'아군의 승리로 전쟁이 끝나서 산꼭대기마다 승리의 깃발을 꽂고, 방방곡곡에 무궁화가 피어나는 날이 오면 당신과 뜨겁게 해후하리라'는 내용이 들어있었다. 그런데 곧바로 날아든 편지는 남편의 전사 통지서였다. 거짓말 같은 현실이었다. 청천벽력 앞에 황망한 마음을 가누지 못하던 아내는 백 일된 아이를 등에 업고 정신이 나간 사람마냥 돌아다녔다. 그녀는 살아서 돌아올 수 없는 사람을 마음 안에 붙들어 놓고 십여 년을 꼬박 기다린 것이다. 남편을 그때 차마 보낼 수 없었던 까닭은 그가 살아 있다고 일부러라도 믿어야 아이와 살 수 있었기 때문이라 말했다.

초등학생 아들이 왜 내게는 아버지가 없냐고 물어올 때 할 말을 찾지 못해 망연히 수신인 없는 편지를 써내려갔다는 그녀의 독백은 쓸쓸했다. 돌아올 수 없는 남편에게 어찌 그리 무정하냐며 '부부 전상서'를 보냈다는 것이다. 그녀는 남편의 전사 소식이 있고 난 뒤 10년이 지나고서야 남편의 죽음을 인정할 수 있었다고 했다. 내통할 수 없는 남편의 존재를 마음에서 온전히 떼어내는 애절한 의식 같은 거였을 것이다. TV 속 여인은 남편이 집으로 보내온 스물다섯 통의 편지를 전부 꺼내어 보였다. 육군 일병의 서체로 남겨진 남편의 필적은 읽을 때마다 가족의 소식을 묻고 있었다. 이제 할머니가 되어버린 아내, 육군 일병 남편은 아내와 점점 나이 차이를 벌여가고 있다.

포탄이 쓸고 갔던 금화지구는 아직도 갈 수 없는 나라의 통제구역에 있다. 모처럼 그녀는 남편이 전사한 부대장 초청으로 백일사진 속 아들과 함께 금화지구 산야가 바라보이는 남방 한계선 철책 앞에 섰다. 남편이 산화한 곳을 바라보며 목을 놓아 그를 불러보았다. 굽이굽이 바람에 드러누운 나무들은 쓰러져간 청춘들의 넋인 양 짙푸르게 일렁였고, 골골이 피어오른 안개는 초연처럼 흔들렸다. 젖은 목소리로 다시 한 번 남편을 불러 보지만, 그녀의 입술은 차마 소리를 다 담아내지 못한다. 무성한 숲만 무정하게 메아리를 되돌려줄 뿐이다.

"이 근처 흙에 당신 넋이라도 있을까 싶어 여기 흙 몇 줌 가져가오."

남편을 잃고 생때같은 아들과 함께 살아온 가슴을 무엇으로 위로받겠는가. 번듯하게 세워진 위령탑과 희생자 명부에 남겨진 이름들, 하얀 비석의 비문만이 공허하게 메아리를 경청하다.

부부라는 말은 거꾸로 뒤집어 놓아도 부부이고, 위아래로 연결해도 부부로 읽힌다. 몇 백 번의 윤회를 거친 뒤에야 만난다는 인연. 험한 가시밭길 돌아서 어렵사리 만난 인연이니 꼭 붙어살아야 한다는 의미일까. 아무리 다정한 부부라 해도 늙음의 뒤안길은 그러저러한 일로 서로가 서글퍼지기 마련이다. 더구나 낡아진 종잇장 속의 남편을 가끔 펴 볼 수밖에 없는 부부의 서글픔이야 어찌 다 말로 하겠는가. 부부의 정을 속절없이 훔쳐간 세월은 아직도 두꺼운 철책선을 녹여내지 못하고 있다.

남겨진 몇 통의 편지에 의지한 채, 평생을 살아온 이 여인에게 부부는 어떤 의미였을까. 부부란 차(茶)의 숙성 과정처럼 상처와 향기의 의미를 뒤늦게 알아가는 것이라 여겨진다. 잘 우려진 차를 마시면서 부드러운 찻잎이 은은한 향으로 남기까지의 과정을 떠올린다. 길고 긴 세월을 버티게 해 준 '육군 일병의 편지'가 오늘따라 찻물 속에 짙게 스며나는 듯하다. 어린 찻잎은 가마솥과 멍석을 열두 번이나 오가며 데이고 말려지는 극한의 상처를 이겨내는 과정을 거친다. 바작바작 마른 잎에 향기의 밀도를 더하기 위해 찻잎은 오그라들고 부스러지는 부대낌을 온전히 받아들인다. 귀한 향과 색으로 대접받는 명차가 되기 위해서이다.

포성이 난무하는 불길 속에서 아내를 향했던 일병의 그리운 마음이 피워낸 글 꽃, 아내에게 부쳐온 스물다섯 통의 편지는 멍든 그녀의 가슴에 꼬옥 눌리고, 데이고 말려진 찻잎처럼 누렇게 삭아버렸다. 평생토록 우려낼 소중한 임의 향기가 된 것이다. 잘 덖어진 어떤 명차보다 최상의 차로 숙성된 남편의 육필 전서는 그녀 곁에서 오래도록 향기를 내줄 것이다. 식힘 그릇에 끓인 물을 붓고 오래된 편지를 우려내면, 찻물처럼 맑은 육군 일병의 웃음이 보일 듯하다.

"여보! 차 한잔하실래요?"

# 똥골

성곽 아래로 난 길을 따라서 숙정문 쪽으로 걸어 올라갔다. 성벽 높이만큼의 그늘이 길가에 드리워졌다. 아랫동네를 내려다보니 처마가 닿을 듯 말 듯 한 집들이 즐비하였다. 지대가 높고 골목이 좁아서 마을 길은 구불구불 하늘 쪽으로 가까워지고 있었다. 내 어린 시절 용산의 골목길이 환상처럼 떠올랐다.

인적이 드문 용산 판잣집 촌, 골목에 혼자 앉아서 나는 석필로 흙바닥에 무언가를 늘 끄적였다. 땅에 쓰인 글씨는 구멍가게 칠복이 아저씨의 목발 걸음처럼 삐뚤삐뚤하였다. 그림도 글도 아닌 것을 끼적이다가 나는 엉덩이를 치켜들고 사방치기 칸을 긋기 시작하였다. 구멍가게 아저씨가 절뚝거리며 사방 선을 가로질러 걸어가서 물에 젖은 목발을 담벼락에 기대어 놓았다. 젖은 목발에서 흘러나온 물이 사방 칸을 적시었다. 그것을 아랑곳하지 않고 나는 가랑이 사이로 뒷거리를 재면서 큰 칸을 대각선으로 나눠

삼각형 4개를 만들었다. 그 안에 숫자를 크게 써 담았다. 커다란 네모가 긴 네모로 긴 네모가 작은 네모로 갈리면서 사방치기 안에 방이 여러 개 생겨난 것이다. 내방이나 생긴 양 사방 칸을 흡족히 바라보는데 제트기 소리가 크게 들려왔다. 국군의 날이 다가와 공군이 제일 한강교 모래사장 상공에서 에어쇼 훈련을 하는 소리였다. 우리는 그 비행기를 쌕쌕이라고도 불렀다. 소리가 들려오는 하늘 쪽으로 고개를 돌려보았다. 하늘이 호수처럼 파랬고, 쌕쌕이가 휙 다가오더니 쌩하고 하늘 속으로 달아났다.

성곽을 울타리로 삼은 마을에는 돈벌이 갈 수 없는 노인들만 산등성이에 앉아서 마을을 지켰다. 사람들이 '똥골'이라 부른다지만 그곳은 진달래꽃 복사꽃 황매화가 지천으로 피어나 마을이 한순간에 꽃동네가 되는 예쁜 마을이었다. 똥골에 올라와 보니 확연히 다른 서울의 두 얼굴이 드러났다. 시컴시컴한 지붕들이 맞닿은 북정마을 골목은 1960년대의 풍경을 그대로 보여주고 있었다.

"이런 똥골 놈의 자식 같으니라고!"

아이들이 철없는 행동을 일삼을 때 어른들이 던지던 말이었다. 생각해보면 아이들에게 해서는 아니 될 말이었으나 아이들은 그 말을 무심히 듣고 살았던 것 같다. 달동네에 버금가게 살기 힘든 산동네를 일컬어 '똥골'이라 부른 게 아닌가 싶었다. 마을 건너편 산 등 아래로는 성북동 대사관저와 재력가의 호화저택이 산자락을 번듯하게 차지하였다. 대지의 규모로 보나 두드러진 외양으로 보나 성벽 밑 마을과는 비교가 안 되었다. 초호화

관저와 저택들을 둘러싼 담장은 똥골을 안고 있는 조선의 성벽이 무색할 정도로 높고 튼튼하였다. 하지(夏至)에 들어선 담쟁이 넝쿨은 성벽에 바짝 붙어 살아가는 사람들처럼 악착스럽게 성벽을 움켜잡고 새잎을 내고 있었다.

산성을 돌아 나와서 똥골 골목으로 내려올 때 용산 판잣집 촌에 같이 살았던 칠복이 아저씨네 구멍가게와 흡사한 점방을 만났다. '쌀, 두부, 개란 있씁니다' 라고 써 붙여진 가게 문을 밀고 들어서면, 금방이라도 아저씨가 나와 반겨줄 것만 같았다. 가게 안은 어두컴컴하여 밖에서 잘 보이지는 않았다. 비탈진 골목은 그 밑으로 더 구불텅하게 갈래져서 터벅터벅 오르내리는 사람들의 발걸음을 무심히 받아내고 있었다.

어린 시절 살았던 한강 둑 밑의 판자촌은 얼기설기 판자때기들을 대어 문들이 덜렁거렸고 흙 계단은 편편하지 않았지만, 아이들이 오르내리며 반들반들 윤을 내었다. 마당이라야 둑 위에 있는 도로 한 부분이 전부이고 한강의 모래사장이 놀이터였다. 하지만 황금색 노을은 판잣촌을 고르게 비추어 주었다. 아이들은 배가 쉬이 고팠고, 배고픈 만큼 골목 벽에는 낙서가 늘어갔다. 동네 아이들은 판자벽에다 먹고 싶은 것들을 써 보기도 하고, 까치발을 서가며 하늘에 닿도록 큰 꿈을 그려 넣기도 하였다. 골목의 땅바닥은 아이들의 캔버스였고, 소금 창고 같은 판자때기 담벼락은 배고픔을 이기는 낙서판이었다. 어른들이나 큰 오빠들은 하루 벌이를 하러 나가서 낮에는 거의 집들이 텅 비었다. 나는 늘 혼자였다.

옛 도읍을 지켜주던 성북동 성곽의 돌담은 여전히 굳건했다. 거기에 붙어사는 이끼도 바위 밑 이끼처럼 푸르게 생기를 띠었다. 세상의 변화는 성곽 주변까지 찾아드는지, 얼마 전부터 똥골에 낯선 사람들의 자동차가 비좁은 골목을 오르내렸다. 손쉽게 집을 몇 개씩 사고 되팔았다. 딱지를 받기 위해 무허가 집을 보지도 않고 사는 사람들도 늘어났다. 멀지 않아 골목에 가시철망이 처지고, 강제 철거라는 붉은 푯말이 잘린 전신주처럼 박힐 것이다. 거대한 굴착기가 성벽보다 높은 성을 쌓기 위해 탱크 소리를 내며 비탈진 언덕을 무질려 오를 날이 머지않은 듯싶었다.

성벽의 고고함을 두른 멋스런 고층아파트를 꿈꾸는 도시 사람들의 욕망은 타오르고, 똥골 사람들의 현재 삶은 대책 없이 보따리 안에 싸일지 모른다. 그런 속을 아는지 모르는지 산마루를 덮은 황매화는 한들한들 봄바람에 신이 났다.

성곽 위쪽은 봄빛이 더 난만하였다. 성곽에 뚫린 포좌구멍으로 흙바람이 불어왔다. 눈이 아득해지면서 회상 속의 내가 꽃밭 위를 걸어 나와서 포좌 구멍 안으로 몸을 숨겼다. 그 구멍은 어릴 적 내가 살았던 파란 대문과 오버랩 되었다. 내가 살던 파란 대문 집 담벼락이 포성의 흔들림에 견디지 못하고 금이 가기 시작하였다. 담벼락에 걸쳐 두었던 칠복이 아저씨의 목발이 쓰러져 나동그라지고, 순식간에 담벼락이 와르르 무너져 내렸다.

판잣집 동네가 한순간에 시멘트 구름 덩이로 변하였다. 호수처럼 파랗던 하늘은 흙바람에 가려졌고 판잣집 촌 가족의 삶은 무단히 철거되었다. 우리는 짐 보따리를 황급히 꾸려서 흙먼지 뒤덮인 집터를 빠져나와야 했다. 현 거주지를 근거로 하여 동네 사람들에게 분류번호표가 주어졌고, 동네 사람들은 A, B, C 지구로 갈라져 그 번호 군에 해당하는 대로 무리 지어 골목 앞에 대기한 미군 수송트럭에 올랐다. 우리는 B 지구로 칠복이 아저씨는 C 지구로 피난민 것처럼 갈려졌다. 이웃들의 살림살이가 마구잡이로 트럭에 실리고 우리 가족은 허겁지겁 노을이 아름다웠던 용산의 한강변을 떠나왔다.

골목은 삽시간에 없어지고 집터는 툭 터져버렸다. 판잣집 촌의 철거는 폭격 같은 것이었다. 판잣촌은 종이가 불살라지듯이 순식간에 삶의 흔적이 살라졌다. 철거민들은 급하게 벌목된 삼성산 산비탈에 피난민처럼 부려졌고 마을 사람들은 번호표대로 일제히 미군 군용 천막을 지급 받았다. 장롱이 지주대가 되어 천막이 세워졌다. 전쟁터를 방불케 하는 신림동 산중턱 벌목된 터에 하나둘씩 군용 막사가 생겨났다. 전쟁 포로수용소에 갇힌 느낌을 받았던 기억이다. 엄마는 그때 배가 불러 있었다.

아버지는 동이 터오면 벌목하고 남은 그루터기를 패 와서 철거민 촌에 불을 지폈다. 배달되는 우유가 식지 않게 가슴에 품어주기도 하였다. 다음 해에 엄마는 둘째 동생을 낳았다. 한강 변에 아파트라는 새로운 주거문화가 생기면서 빚어진 용산 판잣집 동네가 신림동으로 옮겨진 강제 이주 이야기다. 차에 함께 딸려 오지 못한 개들만 폐허의 흙더미 속에 남아서 공터를 지키며 저들만의 부활을 꿈꾸었을 것이다.

똥꼴 사람들의 의도와 상관없이 북정마을 똥골도 이미 부활을 꿈꾸기 시작한 것일까. 골목을 내려올 때 일터로 돈 벌러 나간 주인을 기다리는 개들의 소리만 왈왈 들려왔다.

# 어둠을 허물다

전깃불이 자주 나가던 때가 있었다.

밥을 먹다가 갑자기 불이 나가는 순간 방안은 어둠에 갇히고 바깥은 소란해진다. 아버지는 자리에 가만히들 있으라고 우리에게 이르신 다음, 더듬더듬 찾아온 막대 초에 불을 붙이셨다. 아버지가 불붙인 촛불 한 자루를 밥상 위에서 거꾸로 들면 미끄덩한 촛농 몇 방울이 또 독 떨어진다. 그 자리에 곧바로 초를 세워 눌러 붙인다. 밥상은 별안간 촛불 세움대가 되고 어둡던 방에 빛무리가 피어오른다. 우리는 그 빛을 떠먹기라도 하듯이 촛불 아래서 먹다 둔 밥을 후룩후룩 마저 먹곤 하였다. 어둑한 조명 속에서도 숟가락은 입을 잘도 찾아갔고, 밥 먹는 소리는 정답게 달그락대었다.

어찌 된 영문인지 소곤소곤 어둠을 살라 먹은 후 우리의 눈빛은 점점 초롱해져갔다. 정전사태는 숙제하기 싫은 우리에게 좋은 구실이 되어 주었고, 흐릿한 빛 속에서 가족들의 얼굴은 새삼 정겨워 보였다. 어둠이 식구들의 거리를 좁혀준 것이었을까?

삯바느질 감이 많아지면 엄마는 나를 외가에 맡기곤 하였다. 달빛만으로 사방을 분간할 수 있었던 시골 외가 마을. 거기서 본 달빛 추억 하나가 모깃불처럼 피어오른다.

할머니가 모처럼 쑤어준 닭죽이 짭조름했던지 그날 저녁 나는 자다 말고 물이 자꾸 켰다. 할머니를 깨울까 말까 망설이다가 눈을 비비적거리며 혼자서 대청마루로 나왔다. 컴컴하던 눈가에 희끔한 물체들이 안개 걷히듯 보이기 시작하고 인기척 없는 마당은 으스스하게 느껴졌다. 대청 기둥에 걸렸던 남포등 불빛도 사라지고, 빛이라고는 오로지 달빛뿐이었다. 눈앞이 온통 흑백 영화 장면처럼 어둑하였지만 묘한 호기심이 일기 시작하였다. 토방에 깔린 달빛이 웬만한 것을 가늠하게 해주었다. 대문간 옆 울안에서 시종 꽤 객 거리던 거위들도 깊은 밤에 빠져들었고, 사방이 잠잠한 탓에 뒷밭 대나무들의 바람 타는 소리가 세게 들려왔으며, 풀벌레 소리가 그 소리에 무슨 비밀 신호처럼 실려 들었다.

물을 마시기 위해 댓돌을 딛고 내려와 조금 열린 정주간 문 안을 들여다보다가 조심스레 문을 열었다. 문소리가 삐이~걱 크게 들렸다. 그 사이에 달빛이 나보다 먼저 정주간에 들어가 바닥을 비추었다. 불씨 하나 없이 부엌이 훤해진 것이다. 부뚜막에 걸린 두 개의 가마솥을 보니 할머니를 보는 듯 마음이 푸근하였다.

아궁이 안에는 타다 남은 장작더미와 재가 부서질 듯 엉겨 있었다. 아궁이 속 끄름 덩이는 불씨를 일궈낸 흔적이고, 일가의 삶을 일궈낸 불꽃의 화석이다. 불꽃은 아궁이 속에서 피어나고 아궁이 속에 잠든다는 것을 깨닫게 된 것도 그날의 기억 때문인 것 같다. 어둠과 빛의 자리바꿈이 반복되던 곳, 어둠을 살라 빛을 만드는 일을 되풀이하면서 아궁이 속은 울퉁불퉁 끄름 더께로 두터워졌다. 불꽃이 새로 지펴질 때마다 생명이 빛나고 내일의 희망이 아궁이 안에서 불타올랐으리라.

불쏘시개를 쓸어 담던 부삽과 몽당 빗자루가 풍구 옆에 놓여있었다. 헐거워진 손 풍구 손잡이를 가만히 만져보았다. 풍구 돌리던 할머니의 거친 손마디가 느껴졌다. 달빛과 바람이 살강 위에서 수런거렸다. 주발과 대접들이 포개져 있는 그쪽으로 걸음을 옮겨간다. 살강 보를 들추고 대접 하나를 빼내려다가 그만 덜그럭 소리를 내고 만다. 정주간을 지키는 조왕신이 잠을 청한 오밤중에 콩만 한 것이 무엄하게 그만 달그락거리고 만 것이다. 나도 놀랐지만, 수탉 한 마리가 더 놀랐는지 뒤란 문 앞에서 벼슬을 꼿꼿이 세우고 나를 주시하는 것이 아닌가! 내게 달려들 것만 같은 수탉의 강렬한 눈빛에 더럭 겁이 났다. 수탉은 자기의 목을 늘였다 오므렸다 하면서도 곁눈질을 늦추지 않았다. 밤의 정적 때문인지 목청은 높이지 않았으나 말똥말똥 내 행동거지를 살폈다. 저녁에 우리가 먹은 닭죽 때문인지 수탉은 영 뒤란을 떠나지 않았다.

어둠을 허물어 주던 외가 정주간에서의 달빛 추억과 어둠을 살라 먹던 어린 날의 기억이 창밖에 서성인다. 저녁 기도를 하기 위해 거실에 촛불을 밝힌다. 촛불은 어둠과의 경계 안에서 사물을 은연히 비춰내고, 사람의 부끄러움까지 비춰낼 듯이 고요하다. 정주간을 들여다보던 내 눈빛과 나를 주시하던 수탉의 눈빛이 창을 너머와 촛불 사이를 넘나들고 있다. 과거의 빛과 오늘의 빛이 어둠의 경계를 허물고 있는 것이다.

# 자작나무야

흰 비단을 둘둘 감은 듯, 속살까지 하얄 것 같은 자작나무야. 이제 제법 네 몸이 튼실해졌구나. 밑가지를 떨어낸 줄기마다 거뭇한 흔적이 훈장으로 남았지만 그만큼 키도 쭉 커졌고 말이야. 서울 숲에는 지지대에 의지한 나무들이 아직 있긴 해도 교목 태를 내는 친구들이 제법 많아졌어. 봄기운이 강가를 누빌 때가 엊그제 같은데 벌써 숲은 겨울로 돌아가는구나.

지난 봄날, 민들레와 냉이들의 간질임에 발목이 옴씰거렸을 테고, 살구나무 벚나무의 꽃잎이 흩날릴 때마다 나뭇가지가 너울너울 춤을 추었지. 그늘을 내주느라 고단했을 너의 여름도 가고, 단풍 진 이파리들의 화사한 이별 잔치도 이제 막을 내린 숲은 점점 사람들의 발길마저 끊겨가고 있구나. 사실 사색하기에는 지금이 제격인데 말이다.

자작나무야! 난 껀둥한 너를 바라볼 때마다 가슴 한쪽이 아릿하지만, 한편으로는 왠지 마음이 편안해지곤 해. 그건 이방인인 너에게서 현실의 쓸쓸한 내 모습을 발견하기 때문인지도 모르겠어.

참, 시베리아가 고향인 너는 어쩜 오히려 눈 내리는 날을 많이 그리워했을지도 모르겠구나. 이제 곧 너를 위로해 줄 눈바람이 저기 '바람의 언덕' 어디쯤 숨어 있다는 것을 너는 경험으로 알고 있을 거야. 그렇지? 그래 맞아, 너는 하얀 눈길에 서 있을 때 더욱 의연해 보였지.

영화 '닥터 지바고'에서 하얀 평원에 늘어선 너의 모습은 정말 눈이 시리도록 아름다웠어. 그 정경은 마치 나그네들이 이룬 그림자 숲 같기도 했었고, 슬픈 메시지를 말없이 전하는 전사처럼 느껴지기도 했지. 지금 사락사락 잎 살 부딪는 소리가 바람 따라 들려오누나. 이즈음이면 줄기 어느 틈에서 참아온 너의 눈물이 주르르 흘러나올 것만 같아. 그 눈물에서는 눈(雪) 향기가 물큰 날 것만 같고.

사람들은 잘 모르지만, 너는 오래전부터 우리 곁에 살면서 고단한 사람들의 마음을 읽어주었다지. 숲 속에 세워진 등대 같은 존재였다고나 할까. 너의 껍질은 글이나 그림을 그리는 도구로 쓰였으며, 사람들은 단단한 너의 몸을 깎아 농기구를 만들어 쓰기도 하였다는구나. 몸피 일부는 지붕을 덮는 데 쓰였으며, 고려인들은 팔만대장경을 만들어 평화를 기원했다는 거야. 너의 눈물이 단단하고 기름진 수액을 만들었기 때문일 거야. 그리고 너의 향기를 강이나 바다에 잠가 두거나 묻는 '매향'(埋香)이라는 관습을 행하면서 사람들은 내세의 복을 빌었고, 그래서 사람들이 복을 많이 받으려고 갯벌에 너를 많이 묻었다는 거야. 천이백 년이 지나고 나면 너의 향기가 나라를 지켜줄 것이라고 굳게 믿었기 때문인 거지.

순한 백성들은 너를 신목(神木)이라 여기고 지극히 신뢰했던 것 같아. 그들의 기나긴 바람이 이뤄진 지금, 나는 너를 편안히 바라보고 있고. 너는 나를 태연히 내려다보고 있구나. 지극한 너의 인내에 고맙고 감개무량한 이 마음을 이제라도 전하게 되어서 다행이야. 세상의 어느 생명보다 예민한 품성과 감성을 가진 너와 너의 친구들. 땅속으로 땅 위로 자라 오르면서 새들의 거처가 되어주며, 또 다른 쓰임을 위해 몸을 키워나가는 하얀 속살쟁이 생명이지. 그런 나무와 꽃이 모여 사는 숲은 그래서 생명의 안식처이고 사람들의 생명 지기인 거란다. 우리가 푸릇한 너희들의 날숨을 거두어야만 살아갈 수 있으니, 너희와 우리의 동거는 태곳적부터 지닌 숙명 아닌가 싶다.

그런데 너희들 덕분으로 살아가는 우리가 숲에서 과연 너희 생각을 얼마나 하고 있을까? 나무에 등을 기대고 앉아 있는 사람들의 모습이 저기 보이네. 너를 붙잡고 뱅그르르 돌며 까르륵거리던 엄마와 아이들의 웃음소리도 들려오네. 간혹은 저 모습을 보지 못하고 쓰러져간 친구들도 숲에는 많았었지. 하지만 굳건히 버텨낸 너희들 덕택에 이제 숲은 점점 무성해지고 있어.

프랑스의 수목학자 자크 부로스는 [나무의 신화]라는 저서에서 이렇게 말했데. '나무들은 영혼을 가지고 있으며, 식물들도 기억 형식을 만들어 내는 반사적 감성을 가지고 있으므로 그들 역시 만족을 표시하며 두려움을 느끼면서 살아간다'고. 그 말은 나무들이 지나온 삶을 다 기억한다는 얘기이기도 해. 너희들의 감성을 이해하고, 너희들의 기억을 소중히 여기는 사람들이 조금씩 늘어난다면 너희들의 몸에 함부로 톱질하거나, 함부로 팔을 꺾는 일은 사라질 거라고 나는 믿어. 하나둘씩 사람들도 너희들에게 고마워하게 될 것이고.

겨울이 오면 지금보다 힘든 날도 있을 거야. 하지만 눈으로 휘덮일 세상이 곧 올 테니까 참고 기다려 보렴. 축복처럼 숲 속 가로등은 여전히 하얀 숲을 밝혀 줄 테니까 .

*교목(喬木)=줄기가 곧고 굵으며 높이 자라 위쪽에 가지가 퍼지는 나무
화석(化石)=지질시대에 살던 유적이 퇴적물에 매몰된 채 남아 있는 것
매향(埋香)=내세의 복을 빌기 위해 향을 강이나 바다에 잠가두는 일
신목(神木)=신으로 섬기는 나무

# 설악골로 가는 사람들

사람은 과거를 쌓아가며 살아간다. 남편은 학창시절, 밧줄 하나에 생사고락을 함께 나누며 산악부라는 과거에 청춘을 바치다시피 했다.

산에 대해서는 잘 모르지만, 나는 산을 좋아하는 사람들을 조금 알고 있다. 그들은 우리와 다른 피가 흐르는 혈관 하나를 더 갖고 있을 거라는 생각을 해본 적이 있다. 목숨까지 앗아가는 에베레스트, 히말라야를 향해 끊임없이 도전하는 사람들을 보면서 하게 된 생각이다. 그 핏줄은 생명처럼 불끈거리며 세계 젊은이들의 도전 의식에 불을 지핀다. 높은 봉우리이건 낮은 봉우리이건 산은 언제나 제왕처럼 우뚝하여 산 꾼들이 그 제왕의 품에 안기고 그 품에 잠들기를 마다치 않는 것 같다.

35년 전, 설악골에 한 떨기 꽃으로 바쳐진 J 대학 산악부 양 모 학우가 있다. 그로부터 10년 뒤에는 또다시 남녀 재학생 두 명이 하계 설악골 릿지 등반 도중 빗길에 쓰러져갔다. 그들을 기리기 위해 산악부 지도를 맡았던 교수 내외분과 산악부원 가족들이 합심하여 모처럼 추모등반에 올랐다.

선발대는 전날 '한 편의 시를 위한 길'이라는 곳으로 릿지 등반을 떠났다. 설악은 모든 사람을 시인으로 만들기에 충분하였다. 능선, 나무, 숲, 계곡을 가로 지르는 바람까지 여느 산과 다르게 깊고 장엄한 정경이 마음을 두드리기 때문이다. 손바닥을 펴고 손금을 가만히 들여다보면 손금이 이룬 글씨 '시'라는 글자가 보인다. 손금이 만나서 시가 되듯 산을 오르는 사람들의 거친 숨소리를 받아내며 설악은 '시집'처럼 골마다 사유를 넓혀가고 있다. 선발대는 지금쯤 산중호걸이 되어 숲 속의 물안개를 밟고 있을 것이다. 하얀 운무가 몽실몽실 피어올라 하늘로 올라가고 있다. 천의무봉 선녀의 옷자락이 봉우리마다 걸쳐 있는 듯 산 풍경이 몽환적이다.

미시령을 넘는데 산야는 온통 빛 없이 터진 폭죽처럼 구름이 몽글거렸다. 안개비는 숙우(宿雨)처럼 내리고 나는 운무의 은밀한 속삭임에 빠져들었다. 가볍게 뿌려지는 비는 마른 가슴을 적시기에 충분하였고 숲 속을 생기 돋게 하였다. 꽃물을 머금은 산꽃들의 꽃술이 한결 탱탱하여졌다. 우리들의 가슴도 꽃물을 마신 듯 봉긋해졌고, 뇌리는 맑게 씻겼다.

다음 날 아침 8시, 우리는 그들이 잠든 비선대와 설악골로 가기 위해 금강교를 지났다. 나무들은 저마다 무럭무럭 자라나 제 이름을 뽐내고 있었다. 찌르르 쇠딱따구리 소리를 들으며 우리는 산길로 접어들었다.

와선대의 쉼터, 몽실이네 가게 앞에서 잠깐 짐을 풀었다. 가게의 주인한테 감자전을 부쳐달라고 부탁하였다. 사실 그 감자전은 고인이 된 학우를 위한 특별한 음식이었다. Y 회원은 그 생각만 하면 지금도 가슴이 아프다며 입을 열었다. 고인이 떠나던 그해, 그 집 앞을 지나면서 막걸리 한 잔과 감자전 하나만 먹고 가자며 부탁했었는데 등반 도중에 웬 술과 감자전 타령이냐며 호통을 치고 등반을 서둘러 몰아붙였고, 그 날 밤 고인은 그만 계곡으로 굴러 떨어지는 사고를 당하고 말았다고 했다. 그깟 감자전 하나 못 사 먹이고 떠나보내야 했던 한 때문에 매해 혼자서 그놈을 찾아 왔었고. 그때마다 감자전을 제물로 바치게 되었다며 눈시울을 붉혔다. 감자전 부치는 냄새가 비 오는 날과 잘 어울렸지만, 사연을 듣자니 가슴이 먹먹해 왔다.

와선대를 지나 설악골로 가기 위해 왼쪽으로 접어들었다. 390m의 산고 표시가 있는 설악골 표지판이 눈에 들어왔다. 입산 금지 구역이었지만 추모 장소가 그곳에 있었기 때문에 그 길로 들어가야 했다. 조금 걸어 들어가니 커다란 소(沼)에 에메랄드 물빛이 깊게 들어차 보였다. 눈으로 봐서는 위험해 보이지 않았지만, 고인을 기리는 네모동판이 바위에 붙어 있었다. 청명한 소(沼)에 가는 비가 내리고 흰 포말의 물살이 굽이쳐 내렸다. 다 살지 못하고 세상을 떠나간 서러운 청춘들의 메아리인 양 물살은 콸콸 콸 소용돌이를 치고 있었다. 산악부 선후배들은 고인의 이름을 목청껏 외쳐 불렀고, '잘 있거라, 설악아'란 산 노래를 30여 명의 선후배가 합창하였다. 노랫소리가 설악골에 메아리쳤다.

그 위쪽으로 30분가량 들어가자, 그들의 후배 고(故) 정 모, 임 모의 이름이 새겨진 동판이 넓은 바위에 붙어있었다. 혼자 외로울까 봐 둘이 된 사람들, 그들은 1991년에 영혼결혼식을 올려 부부가 되었고, 산악부원들은 그들을 기억한다. 산이 좋아 산에서 살고, 산을 오르다 숨져간 그 아름다운 연인들을 어찌 잊을 수 있을까.

"잘 있거라. 설악아. 다시 오는 날까지 대청봉에 곱게 핀 에델바이스

뒤 돌아보면 서 북주 능선 따라 눈감으면 떠오르는 천불동 계곡."

제를 지내는 동안 산 사람들의 노랫소리가 물소리에 섞여 구슬피 흘러갔고 빗줄기는 더 드세어졌다.

서둘러 비선대로 내려오는 철 계단 위에서 산꼭대기를 올려다보았다. 너무나 웅장하여 티끌 하나 만질 수 없을 정도로 정신이 아뜩해져 왔다. 물소리로 가득한 천국, 바위로 꽉꽉 둘러쳐진 길마다 사람 덩치만 한 바위들이 길을 막아서고 있었다. 그것을 넘지 않고서는 한 발짝도 앞으로 나아갈 수 없었다. 인생살이의 고통도 앞에 놓여 있는 바위와 같아서 그것을 피해 스스로 건널 방법을 찾아야 했다. 산은 삶의 이치를 높으면 높은 대로 낮으면 낮은 대로 보여 주었다. 삶의 법칙이 그대로 산에 있었다. 산을 사랑하는 산 꾼들이 좋아지기 시작하였고, 산 사나이들의 거친 입담이 정겹게 들려왔다. 천천히 산길을 내려오는데 그들에게만 있던 혈관이 내게도 흐르는지 가슴 한쪽이 뜨거워져 왔다.

설악은 올 때마다 새롭게 느껴졌다. 사람의 얼굴에 주름살이 들듯 숲이 커지고 계곡이 넓어지면서 기품을 달리하기 때문일 것이다. 높이 치솟은 나무 길이를 올려다보면 하늘도 그만큼 높아 보인다. 남편의 선배 한 분은

자신의 인생을 반추해 볼 때 별로 이룬 것은 없는데 오로지 잘한 선택은 산악부에 들어온 것이라며 산악부에 대한 자부심을 드러내었다. 산에 대한 애정 고백으로 들렸다. 서울로 돌아오는 차 안에서 '산 아가씨' 노래가 울려 퍼졌다. 남편은 취기를 빌어 내게 속삭였다.

"내가 산악부원이라는 것이 진짜 행복해!"

인생의 참 행복이 살아서 웃고 있는 밤이었다.

# 잃어버린 이름 하.나.부

# 그 미소를 기억 하거든요

빈자리를 찾아 내 옆으로 총총히 다가앉는 사람의 옆모습이 어디서 많이 본 듯하였다. 커피 봉사를 마치고 미사에 급하게 들어온지라, 앞치마를 둘둘 말아 가방에 넣으며 스친 얼굴이었지만 왠지 신경이 쓰였다. 몸을 앞으로 기울여 옆 사람을 슬쩍 다시 보았는데, 분명히 그 얼굴이 맞는 것 같았다.

성가를 부를 때 그 사람 앞에 성가 책이 놓여있지 않은 것 같아 내가 성가 책을 옆으로 비껴들었다. 하지만 옆 사람은 별 반응을 보이지 않았고, 성가를 따라 부르지도 않았다. 괜찮다거나 고맙다거나 하는 말도 없이 무표정하여 성가 책을 들고 있는 내가 도리어 어색해졌다. 그러는 와중에도 옆 사람은 내 기억 속에서 돌아다녔다. 아는 사람을 모른 척하고 냉랭하게 앉아 있는 것만 같아 미사는 분심(分心)이 들기 시작하였다. 슬쩍슬쩍 옷차림과 외모에 시선이 가면서 내 기억 속의 단서와 O X 게임을 시작했다.

그녀는 무슨 일이 있는 것인지 내내 표정이 없었다. 답답한 마음에 얼른 말을 트고 싶었지만 미사 중이니 조금 기다려야 했다. 나도 가끔 인상이 좋다는 말을 들을 때는 있으나 그다지 잘 웃는 편이 아니다. 홀로 딴생각에 젖어 있거나 혼자 걸어갈 때 나도 모르게 인상을 쓰고 다녔는지 이마에 내천 자가 깊어졌다. 혼자 감내해야 할 여러 생각이 그 글자로 남았을 터였다. 웃는 얼굴에 복이 온다느니, 웃어야 건강하다느니 하면서 웃는 것 자체가 명약이 된 지 오래다. 하지만 실생활에서 웃고 살기가 어디 쉬운가. 속이 편해야 진정한 웃음이 나오게 되고 그래야 건강도 따라오는 것이 아닌가 싶다.

고생 끝에 찾아드는 것은 골병뿐이라고 푸념하는 사람들이 늘어가고 있다. 허허실실하면 당신은 뭐가 그리 좋아서 웃느냐고 퉁 맞기 일쑤이다. 괜스레 자꾸 웃으면 이상한 사람으로 취급당하기 십상이다. 그러고 보면 잘 웃는 것이 보통 어려운 일이 아니다. 잘 웃으면 돈 안 들이고 좋은 인상을 심을 수 있어서 살아가는 재산이 된다. 뛰어난 재담꾼들은 세상을 행복하게 만드니 그들같은 재주는 없어도 거울 앞에서 웃는 연습이라도 틈틈이 해야 하지 않을까 싶다.

장안에 화제를 뿌리는 모 작가의 드라마 속 주인공들의 표정과 말씨를 들여다보면 입이 딱 벌어질 때가 많다. 드라마 작가가 써 준대로 읽는 것이겠지만 주인공부터 심지어 아이들까지도 하나같이 어찌나 똑 부러지게 말 펀치를 잘 날리는지 놀라울 정도이다. 주고받는 대화는 천태만상 한 대 후려칠 듯이 긴박한 대결구도를 갖고, 너나없이 주도면밀한 말싸움 꾼들의 경연을 보는 듯하다. 말을 하는 건지 뱉는 건지 쏘아붙이는 막말 장면 일색이다. 말끝이 짧고 강해야 야물고 똑똑한 캐릭터를 살릴 수 있기 때문일까. 강렬하게 쏘아붙이는 얼굴들은 위협적이라 아름다운 미소는 찾아보기가 어렵다. 남편은 이런 드라마가 못된 것만 가르친다고 아예 채널을 돌려버리지만, 내가 봐도 당당함의 표현이 너무 왜곡되게 그려지는 것이 아닌가 싶어 걱정이 앞서기도 한다.

다시 슬쩍 곁눈으로 옆 사람을 살펴보았다. 잘 웃는다는 것이 그녀라는 첫 번째 단서였는데, 아까와는 달리 신부님의 강론 중에 살짝 웃고 있는 그녀의 볼이 옆 시선으로 보였다. 기도할 때 얼핏 보게 된 엄지손가락과 뭉뚝한 신발코를 확인하였다. 지금은 겨울인데……. 혹시나 싶어 다시 신발을 확인하는 순간 슬리퍼형의 신발 뒤트임이 눈에 들어왔다. 두 번째 단서도 맞아 들어갔다. 자그마한 키의 옆 사람은 내가 기억하는 그 미소의 주인공과 점점 흡사해 가고 있었다. 조금 있다가 전후좌우를 돌며 평화의 인사를 나눌 때 활짝 웃는 미소만 정면에서 확인되면 확실해지리라 기대하였다.

"평화를 빕니다."

환하게 웃는 그녀의 얼굴에 잡힌 볼 주름이 야위어 보였지만 영락없이 그녀였다. 미소가 돋보였던, 보나 엄마!

나는 그녀가 남편의 병원에서 마주치는 환자들과 간호사들에게 다정하게 대해주던 모습과 정이 담긴 말소리까지 기억하고 있었다. 애들 공부 때문에 7년 전에 가족과 함께 미국으로 떠났다는 소식은 들어서 알고 있었다. 몸이 안 좋아지면서 알 수 없는 미열에 시달리고 몸이 착 까라지는 날이 많다고도 고백 했었다. 며칠 동안 누워있으면 손발이 퉁퉁 부어올라 신발이 잘 맞지 않는다는 얘기와 겨울에도 류마티스성 통증 때문에 샌달을 신을 때가 있다던 이야기도 했었다. 증세가 나와 비슷하다는 이유로 서로의 건강을 염려하기도 했다. 주보 편집 일로 가톨릭신문사에 갈 때 그녀는 발가락의 통증 때문에 겨울인데 슬리퍼형의 뒤트임 신발을 신고 다녔다. 하지만 아프고 피곤해도 늘 미소를 잃지 않고 친절하였다. 성당 주보 편집 일을 같이하면서 그녀의 미소는 나를 즐겁게 해 주었다.

소리 없이 웃어 보이는 미소는 말없이 통하는 기분 좋은 언어와 같다. 인생을 꽃밭이라고 멋지게 말하는 작가처럼 우리가 어여쁜 꽃이라면 바람꽃, 초롱꽃, 할미꽃. 국화꽃. 장미꽃 등 셀 수 없이 많은 세상 꽃 이름처럼 사람마다 웃음꽃이 피어나길 바라본다. 내 옆의 꽃님은 기억 속에 있던 보나 엄마가 맞았다. 그녀는 끝내 나를 알아보지 못하였다. 미사가 끝나고 내가 먼저 말을 걸 수밖에 없었다.

"저 첼리아나에요. 안면이 많이 있지요. 옛날, 보나 엄마 맞지요? 난 그쪽 미소를 지금도 기억하고 있거든요."

그녀가 야윈 얼굴로 환하게 웃었다. 우린 텅 빈 성당에서 나갈 생각 않고 한참을 소곤거렸다. 한 시간 내내 모른척한 것과 서로의 본명을 알아내지 못한 것은 세월 탓이지 우리 탓이 아니라며 소리 내어 웃었다.

# 옛집에 들다

세월 앞에서는 산천도 인생도 유구하지 못하다. 전라도 다도 마을 홍가 댁의 솟을대문은 산화한 용사의 비목처럼 떠나간 주인들을 가뭇없이 기다리고 있다. 번성하던 것들은 사금들 듯 사라지고, 융성하던 것들에 가려져 있던 하찮은 것들이 이끼 뒤에 숨어서 문화유산의 유적이 되어가고 있다. 유적의 가치가 낡음에 있는 것인가. 대청마루의 기둥과 건넛방 미닫이 문살, 정주간의 끄름 낀 창틀까지, 홍가 댁 핏줄과는 전혀 상관없이 낡아져 가는 것들의 반란이 홍가 댁을 조용히 빛내고 있다.

햇빛이 비껴든 행랑채 툇마루에서 촌로 두 사람이 막걸릿잔을 기울인다. 장마 끝에 해를 만난 듯 불콰해진 얼굴을 마주하며 싱긋 웃고 있다. 빛바랜 대문처럼 그들의 웃음은 허허로우나 막걸리를 마신 탓인지 우리에게 건네는 말씨가 구수하게 들려온다.

"어디서 뭣들 하시러 여길 와겠소? 옛날 집도 아직은 뭔 소용이 있는가 보요 잉…."

“지금은 모다 썩음썩음 해져서 볼 것이 없지만, 옛날에는 홍 씨 집안이 여그서 젤로 번성했지라우.”

촌로는 혼잣말처럼 말을 건네고 허해진 마음을 술로 채우려는지 주전자를 들어 올린다. 홍 씨 가문이 살던 옛집은 하나둘 사람들이 떠나간 뒤 대문을 걸어 두었다. 돌 틈 사이를 비집고 돋아난 이름 모를 꽃들이 이끼를 동무 삼아 여기저기에 피어나 있다. 고향에 남은 촌로들의 온기로 그나마 옛 모습이 근근이 지켜지는 것 같았다. 번창했던 사람들의 그림자가 사라진 집은 작은 풀꽃들의 거처가 되었고, 집 전체가 들꽃 정원이 되어가고 있다. 행랑채에 머물던 사람들의 왁자함이나 목소리 높이던 주인님의 소리는 들리지 않지만, 너른 뜰 안의 풀씨들이 그들의 혼백인 양 옛집의 공간을 훌훌 날아다닌다.

밥상 차릴 일이 많았던 대가(大家)의 부뚜막에 먼지는 쌓였어도 반들반들한 윤기가 내비친다. 여종들의 발걸음으로 바닥이 깊어진 정주간, 풍구질 받아주던 아궁이와 부뚜막에 걸쳐진 가마솥의 의연함도 예사롭지 않아 보인다. 올망졸망 뒤 곁에 앉아서 해 바라는 장독들, 뜰에 놓인 돌확과 곡선으로 이어진 흙 담장이 화려한 날들의 이야기를 오독하니 들려준다.

중문 안쪽으로 들어서니 키 작은 꽃들이 앙증맞게 피어나 있다. 중문 안쪽 골목은 주인 남정네들이 안채로 들기 전에 으흠! 하면서 인기척을 알리는 공간이었다고 한다. 아녀자들이나 여종들이 주인 어르신과 대면하기 전에 매무새를 추스를 수 있도록 배려한 공간인 셈이다. 대감 나리가 집안에 들고 날 때마다 그곳에 멈추어서 헛기침이나 적절한 호령으로 자신의 당도를 알렸을 법하다. 뒤안에서 일하다가도 주인마님이 부르시면 부리나케 달려나가던 여종의 바쁜 발걸음소리가 들려오는 듯하다. 여종을 향한 혼기 찬 머슴의 눈 맞춤을 가려주기 위한 아량도 있었을 것이다.

홍 씨네 옛집에서 한 가지 의아했던 것은 큰댁과 작은댁이 나란히 위 아래채로 지어져 있는 것이었다. 마땅히 종형제간의 큰집과 작은 집으로 알아들었는데 한 댁의 큰 마님과 작은 마님의 거처였다는 사실에 실소가 나온다. 한 남자의 두 여인네가 한 집에 동거하는 것이 예사였던 시절의 유적을 본 것이다. 또한, 큰 마님 댁과 소실 댁을 가르는 아래채의 돌담과 안채로 이어진 흙담 벽에는 서서 들여다볼 수 있는 적당한 눈높이에 벽돌 한 장 크기의 구멍이 드문드문 나 있다. 그 구멍은 두 마님의 심중을 종내기들끼리 전달하고 전달받는 받는 창구기능을 했다는 설명도 이어진다. 두 여인네 간의 감정 대포는 그곳을 통과하면서 때론 태풍으로 때론 미풍으로 오가며 완급 조절을 하였을 것이다. 흙벽돌 구멍은 찬바람을 씽씽 내보내면서 갈라지고 때로는 간교한 웃음소리를 전달하면서 단단해졌을 것이다.

다도면 풍산리에 있는 도래 마을은 도천이라는 의미로 도내라고 불리다가 도래가 되었다고 한다. 풍산 홍 씨 동족 마을을 이루게 된 역사는 먼저 조선 시대 홍한의의 조부 홍수가 계유정난이 일자 충절을 지키기 위해 나주에 정착하면서였고, 조선 중종 때 홍한의가 과거 급제를 하여 최윤형의 딸과 혼인하면서 터를 잡았다는 설이다. 홍한의가 기묘사화로 벼슬을 버리고 다도 마을에 은거하며 도천 학당을 세워 학도들을 배출하고 선비들이 학문을 연마하는 장소로 발전시켰으며, 의병활동이 끊이지 않는 충절의 마을로 만들었다는 이야기에서는 상 선비다운 넋을 상상하게 되었다. 낡음의 미학이 고스란히 전해지는 홍기응, 홍기헌 가옥은 1892년에 지어진 것으로 그 당시 경복궁을 지은 목수가 지었을 정도였다고 하니 선비들의 영화로움이 짐작되었다. 화려하지는 않으나 유서 깊은 홍가 댁 한옥은 진정한 선비의 양반 가옥의 격을 잘 보여 주었다.

충절 어린 다도 마을의 중심을 이루는 홍가 댁의 역사는 쓸쓸한 가운데 주민들과 고향 사람들, 그의 후손들의 관심으로 보전되고 있었다. 그들과 함께 사람의 흔적을 그대로 전하고 있는 장독대. 정주간 문턱 문살 담장 등 공간마다 구성 요소들이 하찮을지라도 저들 나름의 서사를 지니며 살아내고 있음이 눈길을 끌었다. 1918년에 지어졌다는 홍기창 가의 안채, 사랑채, 행랑채는 따스한 가을 햇살 속에서 은은함을 더욱 빛내고 있었다. 지긋이 나이를 먹은 소박한 옛집의 아름다움이 그곳에 있었다.

남편은 몇 해 전부터 후배의 옛집에 살고 있다. 후배의 시부모님이 돌아가시고 4년 정도 비어 있던 서민적인 한옥에 들게 된 것이다. 내가 이 집에 처음 갔을 때는 나와는 연고가 없는 주인 어르신의 초상이 안방에 나란히 걸려 있어서 꺼림칙한 느낌을 받았다. 아궁이를 개조한 부엌에는 지금도 그 가족의 사진이 걸려 있고, 대청마루에는 그들이 바라보던 괘종시계가 걸려 있다. 물론 화장실도 안채와 떨어져 있어서 불편한 점이 한두 가지가 아니지만, 남편은 옛집의 정취를 기꺼이 즐기고 있다.

홍가 댁 옛집과는 비교할 수 없는 규모이지만 옛집에 기거한다는 사실이 생경하였고, 하루 이틀 지나면서 낯선 부엌살림을 들여다보기 시작하였다. 어르신이 손수 깁은 상보와 터진 곳을 기운 베보자기, 떡시루 깔개 등의 부엌용품에서 묘한 정감이 베어 나왔다. 베보자기에 남겨진 얼룩이 과거의 삶을 돌려놔 주었고 미어진 부분을 촘촘 기워 쓴 안주인의 바느질 솜씨를 보면서 감탄하였다.

행랑채가 들썩이도록 머슴이 많았다는 이 집의 살림살이를 들춰보는 동안 내 어머니의 옛날 살림살이도 떠올려졌다. 한 소설가는 마당이 깊은 유년의 옛집이 자신의 문학에 뼈대가 되었다고 회고한다. 자기가 나고 자란 옛집은 현재에서 과거로 추억을 재생하여 일순간에 시공간을 환치해 주는 역할을 하며 지외경(地畏敬)을 갖는 것이다.

남편과 함께 머무는 이 옛집은 여전히 이 집 식구들의 고향이며 언제든 받아주던 어머니의 역할을 해준다. 몸이 조금 불편하신 큰 아드님은 이 옛집의 쓰러져가는 헛간에 주춧돌을 새로 끼워 넣는 등 자신이 살았던 옛집에 정성을 쏟으신다. 홍가 댁을 돌보던 후손을 보는 듯하다. 해가 지고 나면 산 너머 바람도 머리를 숙이고 들어오는 곳이 집이라고 하는 것처럼, 고향 옛집은 누구에게나 지나간 세월의 잘못을 덮어주고 모든 것을 품어

주는 곳인가 싶다. 대감 나리가 살던 옛집은 아니어도 시골 옛집이 주는 정감 때문인지 차츰 내 마음이 한가로워진다. 한밤에 화장실 가는 길도 별로 무섭지 않다. 오히려 알싸하고 청량한 밤공기를 마시는 각별함을 즐기고 있다.

마른 콩 단을 털어낸 논두렁에서 덜 털려나간 콩알을 줍느라 허리를 굽힌다. 가을이 짧게 머물다 간 시골집에서 남편은 벌써 군불을 지핀다. 군불 연기가 마을에 내려앉는다. 옛집은 해만 지면 순식간에 컴컴해지고 앞마당의 별빛은 눈 시리도록 초롱초롱하다. 홍가 댁 앞마당에도 오늘밤 이렇게 별이 빛날 것이다. 별들이 마당으로 쏟아져 내릴 듯 무리지어 은하수로 달려간다. 별들의 옛집을 찾아가는 중인가 보다.

〈꿈 1〉

# 눈사람은 휴가 중

휴일에 장흥 아트 파크를 둘러보았다. 장맛비가 쏟아진 뒤의 후덥지근한 날씨 때문인지 포스터 하나가 눈에 띄었다. 그쪽으로 발길이 닿았지만, 어찌 된 영문인지 〈눈사람의 상상 나라〉로 들어가는 현관문에는 -눈사람은 휴가 중- 이란 팻말이 걸려있었다. 예약하고 찾아간 것은 아니었지만 무더운 여름이라 녀석의 손이라도 덥석 잡으면 온몸이 시원할 것 같았는데, 사람을 초대해 놓고 버젓이 휴가 중이라고 써놓다니! 무슨 꿍꿍이가 있겠지 싶어 현관문 손잡이를 슬쩍 돌려보았다. 다행히 현관문이 스르르 열렸다.

안쪽 벽에는 온통 눈사람들이 꿈꿔온 일들을 눈사람 그림과 더불어 꼼꼼히 메모해 놓았다. 눈사람 가족이 얼마나 많은 것들을 소원해왔는지 한눈에 알 수 있었다.

'제일 먼저 하고 싶은 일은 얼어붙은 몸을 풀기 위해 뜨거운 물에 풍덩 스파하는 것이에요. 따끈따끈한 군고구마도 먹고 싶고요, 드넓은 해수욕

장에서 모래찜질도 하고 싶고, 김이 모락모락 나는 모닝커피도 마시고 싶어요.'

하나만 알고 둘은 모르는 눈사람의 야무진 생각에 크크 웃음이 나왔다. 그림으로 봐서는 사실 눈사람은 아직 휴가를 떠난 것이 아니었다. 눈사람들은 여전히 어느 해변의 냉동고에 갇힌 채, 혹은 아이스크림 기계 속에서 쵸코 시럽이랑 딸기 시럽만 지긋지긋하게 입속 가득 집어넣고 있을 양이었다. 맹랑하다 못해 발칙한 그들의 상상은 한 여름이 되었어도 얼굴에 고드름이 된 채 어딘가에 얼어붙어 있을 것이었다. 눈사람은 그냥 그런 꿈이라도 꾸어보고 싶었던 것이었을까? 난 그들의 꿈나라에 풍덩 빠져들었다.

옆으로 하얀 문이 달린 몇 개의 다른 방이 드러나 보였다. 살짝 들여다보니 방 가운데 제법 큰 눈 더미가 쌓여 있는 것이 아닌가. 아하, 요 녀석들이 여기 숨어 있는 게로구나 싶었다. 그 앞에서 주춤거리자,

"눈을 집어 들어 화면에 던져보세요"라는 멘트가 어디선가 흘러나왔다. 화면이 설치된 벽면에도 같은 메시지가 말풍선 주머니를 타고 돌아다녔다. 눈사람이 슬슬 움직이기 시작하였다. 벽에 적혀 있던 대로 눈사람의 휴가 계획이 스크린에 보이기 시작했다. 비로소 눈사람이 휴가를 떠나려는 참인지 화면 속에서 그들의 걸음이 빨라지고 있었다.

칸막이가 된 옆으로 돌아들어 갔다. 이번에는 대문짝만한 크기의 만화 벽화가 줄지어 나타났다. 눈사람 형제가 만화 그림 속에서 호호 불며 군고구마와 붕어빵을 먹고 있었다. 엄마 눈사람은 그 옆에서 분위기 있게 커피

를 마시고 있었고. 화면이 바뀌면서 동생 눈사람이 비를 맞고 싶다며 아빠를 조르는 장면이 오버랩 되었다. 웃음이 절로 나왔다. 비를 흠뻑 맞고 있던 아빠와 동생이 사르르 녹아 없어지자, 아기 눈사람이 따스운 아랫목에서 이불을 뒤집어쓰고 만화책을 보면서 발을 동동대고 있었다. 눈사람으로서는 가히 기발한 상상이었다. 눈사람의 기발한 꿈이 이뤄지는 세상을 덩달아 꿈꿔보았다.

그런데 문제는 〈눈사람의 상상 나라〉에 어린이들만 들어갈 수 있다는 것이었다. 그곳에서 나는 어린이가 되겠다는 약속을 하고 일곱 살 어린아이가 되어 그 아이를 따라 다닐 수밖에 다른 방법이 없었다. 상상 속의 아이가 집어 던진 눈덩이가 마침내 아이스크림 가게 지붕 위로 똑 떨어졌다. 그러자 눈사람 가족이 아이스크림 기계 밖으로 우르르 탈출하는 것이었다. 눈사람의 꿈이 현실로 바뀌는 순간이 온 것이다. 신바람이 난 눈사람들은 거리를 거닐며 커피도 사 먹고, 솟구치는 물 분수에 넋을 놓기도 하였다.

하지만 눈사람이 삼복더위에 거리를 활보하는 일은 사실, 목숨을 담보한 고행이나 다름없었다. 팔이 곧 떨어져 나갈 것 같았고, 다리는 그새 휘청거리기 시작했다. 그러나 위기상황에 처했을 때, 적절한 대안을 갖추지 않고 떠난 그들은 땅으로 주저앉기 일보 직전이 되었다. 눈사람들은 기운이 다 빠져서 다른 꿈은 엄두도 못 낼 형편이 된 것이다. 비를 맞고 있던 아빠 눈사람과 아기 눈사람은 간 곳이 없어졌고, 그나마 정신을 차린 엄마 눈사람이 지친 가족들을 데리고 길모퉁이 그늘진 곳으로 황급히 피해갔다.

눈사람 가족의 몸뚱이는 급격히 줄어들었다. 눈사람의 기발한 꿈은 결국 반짝 끝나고 말았다. 햇볕과 물이 자기들과 상극관계란 한계를 고려하지 않은 것이었을까. 그들의 꿈은 기발하긴 하였지만 아쉽게 거기서 그만 멈출 수밖에 없었다.

기진맥진한 눈사람들에게 시급한 것은 냉기공급이었다. 지나가던 사람들이 위기에 처한 그들을 부축하여 가까운 냉동고로 옮겨주었다. 다행히 눈사람의 몸뚱이들이 다시 얼어붙기 시작하였다. 혼비백산한 눈사람 가족의 얼굴에 부숭부숭 새 살이 돋아났다

이룰 수 있는 꿈은 희망이 되지만, 이룰 수 없는 꿈은 슬프다는 노랫말처럼 절망을 불러올 수 있고, 허망한 결과를 낳기 쉽다. 혹독한 겨울을 이겨낼 수 있었던 그들의 용기가 꿈에 녹아나다 목숨을 잃기 전에 얼어붙고 말았다. 그들의 꿈이 허황되다고 비난받을 여지가 없는 것은 아니지만, 그 꿈을 실현하려는 과정만큼은 가상하여 그들의 상상력에 손을 들어줄 수밖에 없었다. 꿈꾸는 동안만이라도 눈사람들은 그 지긋지긋한 초코시럽을 먹지 않을 수 있지 않았는가. 현실에서 벗어나고 싶고 도망치고 싶도록 절박한 처지가 기발한 상상력으로 전환될 수 있다면 망상도 어느 정도 가치를 인정할 수 있을 것같다.

〈눈사람의 집〉을 나왔을 때는 해가 다시 쨍쨍했다. 땅에서 올라오는 습한 열기 때문에 후덥지근했다.

'잠시만이라도 냉동고에 갇힌 눈사람들과 악수나 하고 올걸 그랬지. 내년 이맘때에 다시 보자고 말이야.'

눈사람의 집 현관문에는 여전히 -휴가 중-이란 팻말이 커다랗게 걸려 있었다.

〈꿈 2〉

# 환상 속의 그대

우리 차는 바다를 날개처럼 달고 주문진 해변 도로를 달렸다. 남편과 나는 남애 갯마을을 지나 죽도가 보이는 인구해수욕장에 짐을 풀었다. 도시를 떠나온 자유로움에 대한 열기가 바닷가에 후끈하였다. 삼삼오오 사람들은 모래밭을 거닐면서 밀려오고 밀려가는 바닷물에 첨벙첨벙 즐거운 비명을 질렀다. 그 열기를 한 풀 식히려는지 한밤중에 폭우가 쏟아졌다. 밤바다에서 폭우를 만나다니, 보물을 발견한 것처럼 가슴이 울렁거렸다. 우산을 버리고 맨몸으로 비를 맞으며 밤바다를 걷고 싶어 하던 소망은 전위예술가가 아닌 나로서는 망상에 불과했다. 그런데 그것을 이룰 수 있는 절호의 기회를 드디어 인구에서 만난 것이다.

폭우 내리는 밤바다에 맨몸으로 자신을 내버려 둘 수는 없을 것이다. 남은 인생에 몇 번 있을까 말까 싶은 하늘의 자극을 온몸으로 받고 싶다는 충동이 불길처럼 달아올랐다. 몸속까지 내리꽂히는 비 화살이 온 세상의 소리를 삼켜버릴 것 같은 순간에 놓여 있는 것만으로도 심장이 뛰었다. 물

속에서 스파하고, 비를 맞으며 뜨거운 커피를 마시고자 했던 눈사람의 계획을 보면서 나는 실소를 금치 못했었다. 눈(雪)과 물과 열(熱)의 상극관계를 알면서도 그런 기막힌 꿈을 꾼 작가는 대체 어떤 영혼을 지닌 것일까?

꿈꾸는데 돈이 드는 것도 아니고, 꿈이란 무한대의 상상력을 키워주며, 창의적 에너지를 무한 리필 해주는 오묘한 기(氣)가 있지 않은가. 성공의 비밀 열쇠를 비밀스럽게 알려준다는 베스트셀러 [비밀]의 주제도 결국에는 꿈을 꾸라는 메시지였다. 그러므로 선험적 식견을 지녔다고 다른 사람에게 선불리 포기하라거나, 함부로 그런 일은 성공하기 어렵다고 단정하는 따위의 버릇은 좋지 않은 일이다. 꿈은 꿈꾼 자의 것이니만큼 눈사람도 황당한 꿈일망정 꿈꾸는 동안만큼은 얼마나 행복했을 것인가. 꿈꾸는 자만이 그 꿈의 비밀 통로를 알 수 있다고 굳게 믿기에 상식을 뛰어넘는 기발한 상상력이 튀어나온 것일 게다. 나 또한 내리치는 빗살에 알몸을 맡기고 싶은 어둔 밤바다를 눈앞에 두고 있었으니 어찌 내 울렁거림을 나무랄 수 있겠는가. 그 바닷가에 있다는 사실만으로 이리 경이로운데…….

웅성거리는 사람들을 피해 모래톱 가까이 걸어갔다. 우산을 뚫어버릴 듯이 내리치는 빗소리는 더욱 세찼다. 빠른 템포로 내 가슴에 비 화살을 날렸다. 바닷바람을 가르고 모래톱을 덮치는 파도 소리는 하얀 거품을 쏟아 내며 무섭게 어둠을 유린하였다. 거친 자연의 소리는 불규칙한 주변의 소리를 모조리 삼켜버렸다. 옷을 하나씩 벗어내고 우산을 버릴 시간이 촉박하게 다가왔다. 그런데 나는 마법에 걸려든 것처럼 모래톱 앞에서 동상이 되어 그다음 행동을 이어가질 못했다. 결국, 소망보다 두렵다는 생각에 맥박이 불규칙하게 뛰었다. 이 무슨 해괴한 변명인가. 이미 하반신은 다 젖어버렸기에 우산 정도는 쉽게 버릴 수 있었다. 우산을 버리자. 머릿속으로 옷 속으로 쉴 새 없이 빗발이 날아들었다. 하지만 찬기에 대항하는지 가슴 속은 열기를 뿜어내고 있었다. 깊고 긴 호흡으로 나는 불타오르는 속을 진정시켜야만 했다.

사실 목숨을 담보한 꿈을 꾼 눈사람이나, 비 내리는 밤바다에서 전라(全裸)의 꿈을 꾸었던 나는 동격의 망상가라 할 수 있겠다. 해괴한 구경거리를 제공하는 망상으로 치부될 꿈이었다. 죽도에서 반쯤 미친 사람처럼 비를 흠뻑 맞아보는 소원은 풀었지만, 현실의 올가미는 끝내 벗어버리지 못하였다. 제아무리 벗는 것에 너그러운 바닷가라 하여도 옷을 완전히 벗어버리는 일은 외설이거나, 미친 짓이었으니. 미쳐야 미칠 수 있다는 꿈의 공식은 아무에게나 통하는 것이 아니었다.

현실에서 이룰 수 없는 일들을 꿈꾸는 것은 일종의 정신적 일탈이거나, 누구의 눈치도 개의치 않을 자유를 누리고자 하는 행위일 것이다. 미친 사람이란 소리를 들을 각오가 서야 진정한 아티스트가 아닐까. 눈사람들은 자신들의 상상이 실현되자마자 냉동고 신세를 면치 못하였다. 자기를 버려야 이룰 수 있는 꿈은 냉동고에서 다시 얼어붙고 만 것이다. 하지만 눈사람은 정신이 들고나면 여름나기 꿈을 다시 꿀 지도 모를 일이다. 아니 그러하기를 바란다.

우산을 버린 날, 어느 정도의 내 욕망은 바다에 쓸려나갔다. 바다는 끊임없이 우리에게 파도로 다가오고 밀려가면서 비현실적 욕망을 집어삼키는 거대한 블랙홀이라는 생각이 들었다. 일상탈출보다 아예 변이를 꿈꾸는 일장춘몽일지라도 꿈꾸는 순간만큼은 황홀경에 빠져들 수 있으니 누구나 한 번쯤 도전해 볼 일이지 않은가. 거지가 된 왕자이거나, 왕자가 된 거지이거나 가끔은 자유롭게 환상 속의 그대가 되어보면 어떨까 싶다.

# 청년을 가두다

그는 우람하고 듬직했다. 여행지에서 젊은 남자의 각별한 보호를 받다니 행운을 잡은 것이다. 그가 거실 안으로 훅 들어와 있는 것 같은 착각에 놀라긴 했으나 그는 문밖에서 보초를 섰기에 우린 편히 잠잘 수 있었다. 청년은 웃옷 대신 수건을 목에 걸고 바지를 걷어 올린 농군의 모습이었다. 왼손에 삽을 집고 오른손을 허리춤에 괸 채 하늘을 바라보는 자유로운 눈빛이 선해 보였다. 거실 앞 배롱나무 아래서 청년 보초병은 한시도 우리 곁을 떠나지 않았다. 진도 여행 중 관매도에 들렀다 가기 위해 진도 본섬에서 하루 더 머물기로 한 그 날 밤도 청년은 우리 숙소 앞에 우뚝 서서 밤새도록 네 여인네의 지킴이 노릇을 마다치 않았다.

나이 든 또 다른 청년이 흐뭇하게 미소를 지었다. 폐교를 미술관으로 일구고 20년째 그곳에서 그림 그리기를 생의 과업으로 삼고 있는 사람. 상만초등학교의 땅을 돋우고 운동장 한가득 마거릿 꽃을 일구는데 장년기를 바친 화가 〈이상은〉이었다. 그의 그림 놀이터는 학교 울타리 안에 있었다.

청년의 생기가 물씬 나는 목소리로 자신을 화려한 백수라고 소개하는 목소리는 카랑카랑했다. 화백이란 뜻이다. 백수는 자기의 분신인 동 조각상 청년에게 서울 아녀자들을 보호하라는 책무를 각별히 맡겼노라고 말했다.

이상은 화백은 진도에서 태어나 섬 주변 이야기를 품고, 미술창작을 하는 키치 화가이다. 나절로 미술관 운동장 둘레에 108개의 돌에 번뇌의 얼굴상을 조각하여 마거릿이 쫙 펼쳐지는 교정에 울타리처럼 둘렀다. 해와 달, 바람과 별들이 자유로이 드나들도록 애쓴다는 이 화백은 진귀한 자연인이었다.

'산다네' 노래비를 세워 놓고 '그냥그냥 산다네 살아져서 그냥그냥 사는 거라네' 노랫말을 흥얼거리며 나무처럼 우렁우렁 살고 있었다. 천재 청년 화가를 만난 것은 진도 섬 여행 중의 큰 기쁨이었다.

청년 화가의 눈과 이마에서는 유난히 빛이 났다. 그는 돌가루, 연잎 등 자연에서 화구를 찾아 창조적인 작품 활동을 시도하는 화사였다. 스승 없이 자신의 본능이 그려내는 그림이 진짜 그림인 거고, 진짜 화가라고 말하며 자신은 진짜 화가가 되고 싶었다는 얘기를 할 때 그의 눈시울이 붉어졌다. 예술에 대한 숭고한 가치관에 저절로 고개가 숙어졌다. 이 화백은 목소리에 소신이 챙챙 감쳐있어 언제든 힘이 솟는 듯했다.

'인생의 여정'이라는 자신의 작품은 엄마의 자궁에서부터 무덤의 요람까지 삶의 전 과정을 보여준다고 설명했다. 크레파스를 사용하여 자신의 감정 자람을 표현한 것이 특징이었다. 일상에 던져지는 삶의 물음표를 작품으로 승화하고, 무소유의 無(무)자를 고대 동굴벽화 그리듯 단순화하여 표현하는 화풍은 그만이 지닌 독특한 자아 사랑 법이라 할 수 있겠다. 키치화가라 불리는 이유가 거기에 있는 것 같았다. 내일을 모르고 오늘을 살고 있다는 작은 거인의 기개는 진도에 많이 피어나는 무궁화와 후박나무를 닮아 있었다.

천진한 아이의 심성으로 회귀하여 펼치는 그의 그림 세계는 순진무구하다. 아득한 절벽에 피어나는 꽃이거나, 시퍼런 바다에 무섬 없이 내려앉는 나비의 날갯짓과 같다. 35년 만에 그리게 되었다는 '섬 이야기'는 순수함의 희열로 빚어낸 완성도 높은 작품이라서 자신의 작품 중 최고라 자평하였다. 바다가 배경인 듯하고 연둣빛 작은 섬들을 표현한 그림은 바다를 세상이라 은유하고 섬을 삶의 놀이터로 상징한 느낌을 받았다. 스스로 그림의 값을 1억2천의 가치로 매긴 것은 35년간 청년의 생기가 맹렬히 지켜낸 섬에 대한 그리움을 표현했기 때문이리라.

나절로 미술관은 오랜 기다림의 질감이 곳곳에 묻어있다. 흡사 어른, 아이들을 위한 영혼의 놀이터 같았다. 이곳은 이미 죽기 전에 한 번 들러야 할 곳으로 인터넷에서 검색되는 장소이며, 5월에 만개하는 마거릿 꽃밭의 절경은 참으로 유명하다. 폐교 미술관의 수목들은 이 터에서 뛰놀던 옛 철부지들의 웃음소리와 추억을 나이테 삼았을 것이다. 동백 열매가 주렁주렁 열려 있고 후박나무가 창창히 잎을 넓혀가는 곳에서 지친 영혼들은 휴식을 얻는다. 잃어버린 동심의 영혼들이 화려한 백수에 의해 아름답게 부활하고 있는 것이다.

어떤 일을 구가하든 치열하게 고뇌하고 심혈을 기울여 청년기를 바친다면 자기만의 세계를 구가할 수 있을 것이다. 열혈 섬 청년의 자유로운 상상과 실험 정신은 도시로 유학을 나가면서 정형화된 틀에 가두어지기도 하였지만, 그는 이내 고향 섬으로 되돌아와 자신만의 터 무늬를 새기면서 예술혼을 발휘하고 있다. 자신만의 결을 곧게 지켜가는 섬 청년의 키치적 반란은 누구에 의한 것이 아니라 자신의 본능을 애지중지하는 자기애의 발로라 더욱 소중해 보인다.

팽목항으로 떠나는 날 이른 아침, 나는 거실 앞 문지기 청년을 얼른 스마트 폰 속에 가두었다. 나를 잘 지켜준 보답으로 이제 내가 그를 지켜줄 요량이었다. 관매도로 향하는 배에 타서 사진 속 청년을 클릭해 보았다. 그는 딴청 하듯 고개를 들고 배가 출렁일 때마다 눈웃음을 지어 보인다. 그런데 해무가 스멀스멀 섬 청년을 도로 데려가 버린다.

# 파랑새 사는 마을

착시는 아니었다. 분명히 파랑새였는데 눈앞에서 그만 놓쳐버렸다. 숲은 이쪽 강기슭을 의젓하게 바라보고, 나는 파랑새가 날아간 강 건너 숲을 아련히 바라본다. 가뭇없이 날아간 파랑새 때문일까, 눈길은 스스럼없이 강을 건너가지만 정작 내 눈은 숲으로 난 하얀 길에 머물러 있다.

금강 바람과 노닐기 시작한 지 어언 두 해가 되어간다. 논두렁 하나만 오르면 강변 산책이 가능한 이곳 웅포로 새 거처를 정하였다. 칡넝쿨 엉클어진 강둑으로 자줏빛 칡꽃이 삶의 의지를 굳게 내보이고 있다. 들꽃이 줄줄이 피어난 강둑에 올라서면 드넓은 시야에 억새와 갈대가 지천이라 속이 툭 터지는 듯하고, 바람은 내가 바라보는 곳에 따라 색을 달리한다. 숲을 바라보면 바람은 녹색으로 살랑이고, 하늘을 바라보면 창공 색으로, 노을 진 강가를 바라보면 바람은 노을빛이 된다. 바람 속을 걸으며 바람 속에 손을 내밀어 보기도 하고 바람을 만져보기도 하는 것이다. 나는 바람 앞에서는 그저 바람 바라기가 되는 것이다.

내 인기척에 놀란 고라니 한 마리가 갈대숲에서 뛰쳐나와 달음박질을 친다. 녀석은 숨을 곳을 찾아 목숨을 걸고 달리는데 내 마음은 그지없이 평화롭다. 나의 걸음에 풀 섶의 꿩이 날아오르고, 새떼도 달아나고 있다.

모내기를 앞둔 무렵이었다. 논두렁을 걷다가 농교 밑에서 황급히 날아오는 파랑 날갯짓을 보았다. 파랑새를 찾아 나선 동화 속 미치르나 된 것처럼 나는 파랑새의 실체를 논두렁에서 만난 것이다. 파랑새와의 만남은 정말 찰나였다. 내 눈과 귀는 코발트 빛이 현란했던 파랑새의 날갯짓과 청명한 새소리를 좇았지만 허사였다. 철이 바뀌어도 그 파랑새는 다시 볼 수 없었다. 망상이었을까? 나는 그 뒤로 내 맘 속 파랑새가 강 건너 숲으로 달아났다는 생각을 하게 되었다. 강 건너 숲은 그 뒤로 상상의 숲이 되어갔다. 파랑새의 실체가 가까이 있다는 사실이 내게 파랑새 효과가 되었는지 그때 현상된 그 파랑 빛으로 세상의 숲을 바라보는 날이 많아졌다. 그것이 파랑새를 만난 행운이라면 행운일 것이다.

나의 시골생활은 이제 막 모내기를 마친 연둣빛 모의 모습이다. 땅바닥에 붙어 살아 보지 않고서는 세상에서 쌓은 지식과 교양은 모두 헛되다고 주장하는 어느 귀농인의 말에 백배 공감하며 시골 생활을 하고 있다. 채소밭을 일궈도 파종 시기가 다 달라서 귀농 이론만으로는 파종 시기를 제대로 알기가 어렵다. 가을에 심은 마늘을 늦은 봄에 수확하고, 그 자리에 참깨를 심은 다음, 추석 무렵 깨를 수확하고 그 자리를 다시 일궈서 배추를 심어야 11월에 김장감을 수확할 수 있는 것이다. 돌려 심는 시기를 놓치면 계절별 농사는 헛수고가 되고 만다. 좋은 먹거리를 얻는 일이야말로 정작 가장 대수로운 일인 것이다.

자연을 닮아가는 삶은 절대 만만치 않다. 멋진 것을 탐하기 좋아하는 눈은 늘상 게으르고 손은 부지런하다. 호미 쥔 손길이 부지런히 자연을 닮아야 자연인이라 할 수 있다. 전원생활과 자연생활의 구분은 생활자의 자연 접근 방식의 차이인 것 같다.

시간에 쫓기고 돈에 쫓기던 서울 생활과는 달리 고라니를 쫓고 꿩을 쫓는 자연 생태적 삶을 무상으로 얻었으니 이것이 청복이다. 앞마당에서 집벌을 기르며 꿀을 따고, 텃밭에 십 여종의 무공해 과채류를 심어 번쩍번쩍 상에 올리는 일. 이곳에 숨겨진 행복의 실체를 파랑새가 보여준 것이리라. 파랑새가 날아오르던 장면이 더욱 소중해진다.

금강 변에 자전거 종주길 도로가 나 있다. 강 건너 길에서 자전거 페달 밟는 소리가 파랑새를 이쪽으로 쫓아줄지 모른다. 그 기대가 생기고 나서 강 건너 숲은 내게 점점 의미 있는 풍경이 되어가고 있다. 내 눈이 슬픈 물빛이 되어도 금강은 날마다 금빛으로 출렁인다. 강 건너 숲이 노을빛으로 물들어 갈 때쯤 나는 강둑을 내려온다. 파랑새가 날아간 숲을 바라보며 내 생각은 어느새 새의 본능처럼 물 위를 날아오르고 있다.

# 잃어버린 이름,
# 하 · 나 · 부

이젠 무거운 침묵의 덩어리가 되어버린, 내 어린 날의 추억이 담긴 가마솥 뚜껑을 조심히 열어본다. 빈 솥에서 쇠 부딪는 소리가 둔탁하게 끌려나오고, 나는 그곳에서 기이한 동거를 했던 내 혈육의 굴절된 인연 타래를 은밀히 풀어낸다.

외할머니는 치매를 앓고 있던 엄마를 돌보다 화장실 바닥에 넉장거리를 한 거였다. 병원으로 달려갔으나 환자명부에서 외할머니의 이름 하·나·부를 찾을 수 없었다. 병실을 잘못 찾아간 것도 아닌데 싶어 다시 환자명부를 살펴보는데, '이월명 여 106살'이라고 쓰인 글자가 눈에 들어왔다. 병실 안을 가만 들여다보니 그 환자의 자리에 누워있는 사람이 바로 외할머니가 아닌가. 할머니는 겸연쩍게 웃고 있었다. 병실로 들어가 대체 이월명이 누구냐며 나는 자초지종을 물었다. 정작 기가 막힌 것은 외할머니의 대답이었다.

"이월명이 하나부랑게."

도대체 월명이가 누구냐고 묻는데 외할머니는 하, 나. 부가 이월명이라고만 했다. 조용히 하라는 듯 손가락을 자신의 입에 갖다 대었다. 잠시 후 외할머니는 그 이름이 돌아가신 큰할머니 이름이라고 속삭이듯이 말했다. 몇 십 년 전에 돌아가신 큰할머니가 자기라고 우기는 것을 보니, 외할머니도 엄마처럼 치매가 시작된 거 아니냐고 내가 내지르듯 말을 건넸다. 외할머니는 마지못해 오래전에 돌아가신 큰할머니의 사망신고가 아직 되어 있지 않은 까닭이라고 말하였다.

어렸을 적 외가에 가면 이가 다 빠져 입이 합죽했던 큰할머니와 외할머니 두 분이 나를 반겨주었다. 합죽이 할머니는 허리가 완전히 꼬부라져서 꼬부랑 할머니라고 불렸다. 늘 큰할머니인 합죽이 할머니가 먼저 버선발로 내려와 나를 품어 안았고, 외할머니는 그 옆에서 빙긋이 웃고 있었다. 외할머니는 나를 데리고 외할아버지가 머무는 사랑방 툇마루에 오를 때쯤에야 허리춤에 날 끌어다 붙였다.

외할머니가 소실이었다는 것을 정작 깨닫게 된 것은 내가 막 고등학생이 되었을 무렵이었다. 그때 친자매처럼 다정히 지내는 두 할머니의 모습은 내게 충격이었다. 그전까지는 큰할머니가 큰 외할머니였다는 생각을 전혀 하지 못했다. 큰할머니는 몸이 불편하여 힘든 일은 거의 하지 못했고, 앉아서 할 수 있는 일만 조금씩 거들었다. 부엌일이며 밭일, 베 짜는 일, 옷 짓는 일등 잡다한 일거리는 거반 외할머니 몫이었다. 그나마 외할머니가 겨우 궁둥이를 붙이고 앉아 있을 수 있는 시간은 가마솥에 불을 지피며 풍로를 돌릴 때였을 것이다.

외할머니의 이름은 원래 하.나.비 였는데 남녘에서는 고양이를 나비라고도 부르는 탓에 '나부'로 고치게 되었다. 나비란 고운 이름과 달리 외할머니는 열일곱 살에 부모님을 잃고, 네 명의 동생을 돌보며 살았다. 솜씨, 맵시 고운 처녀라서 동네에서 눈여겨보는 사람들이 많았다. 그것을 기화로 외할머니의 큰 아버지가 거간꾼처럼 뒷돈을 챙기고 자기 조카를 아무에게나 시집 보내버린 것이다. 외할머니는 속도 모르는 남자에게 딸려가 첫 시집을 살게 되었는데, 걸핏하면 경찰이 신랑을 찾아다녔다는 것이었다. 뭔가 미심쩍었던 할머니는 어느 날 남편과 경찰이 나누는 대화를 엿듣게 되었고, 남편이 도둑질하고 다니는 사람이라는 사실을 알고 나서는 무서워서 살 수가 없었다는 것이다. 그리하여 외할머니는 부모도 없는 친정으로 돌아올 수밖에 없었다.

친정으로 되돌아온 사실은 외할머니에게 씻을 수 없는 허물이 되어 버렸다. 그 때문에 상처한 자리라는 중매쟁이의 소리를 듣고 외할아버지와의 혼담을 두 번째 인연으로 받아들인 것이다. 그런데 막상 두 번째 시집을 가보니 본처가 엄연히 살아 있는 터였으나 다시 돌아갈 수가 없어 머물러 살았다는 것이다. 오도 가도 못할 형편에 놓인 할머니는 결혼식은 고사하고, 호적에 이름도 올리지 못한 채 본처인 큰할머니와 기이한 동거를 시작하게 된 것이다.

큰할머니는 젊어서 척추를 심하게 다쳐 젊은 나이에 꼬부랑 할머니가 된 거였고, 그 집안에는 여자의 몫이 필요하여 여자를 구한 것이었다. 물론 큰할머니의 동의하에 후처를 얻은 것이지만 큰할머니도 같은 여자로서 어찌 한의 무게가 없었을까 싶다. 외할머니는 자신이 전생에 지은 죗값이 아직 끝나지 않은 탓에 이러한 인생을 살고 있다는 푸념을 하셨다. 징그러운 인생이 오래도 산다며 한탄하는 외할머니의 갈강갈강한 목소리에서 분홍 자귀꽃 냄새가 났다.

한 남자 밑에서 두 여인이 살다가 죽은 여인의 이름으로 남은 한 여인이 살아가는 소설 같은 인생. 큰할머니는 아들을 둘을 두었고, 내 외할머니는 딸을 둘 낳은 것이었다. 생전 처음 병원 신세를 지게 되시면서 알려진 외할머니의 사연에 나는 가슴이 저며 왔다. 외할머니는 별일 아닌 듯 웃기만 하셨다. 그 뒤로 외할머니는 자신의 거동마저 온전하지 않은 탓에 전남 다시에 있는 원동댁네 암자로 자신의 거처를 옮겼다. 외할머니가 워낙 절을 좋아하기 때문이라고만 생각했었는데…. 아들네를 두고도 외할머니가 굳이 그곳으로 거처를 정한 까닭이 짐작이 되었다. 외할머니는 멀리 떨어져 계시면서 치매 병든 엄마 때문에 끌탕하였고, 엄마는 복사꽃 진달래꽃 붉디붉은 봄날 외할머니보다 먼저 세상을 떠나가셨다.

우리는 엄마가 돌아가셨다는 소식을 외할머니께 바로 알리지 못했다. 삼우제를 마치고 나서야 원동댁네 암자로 찾아가 외할머니와 마주한 자리는 서로가 어색했다. 암자 마당에는 복사꽃과 매화꽃이 붉게 터져 나와 있었고, 외할머니는 비녀를 빼내고 참빗으로 하얗게 센 머리칼을 공연히 쓸어내리셨다. 우리는 서로 눈길을 딴 곳에 두고 있었는데, 먼저 말을 꺼낸 것은 외할머니였다. 천하에 그런 망할 병이 어디 있느냐며 할머니는 볼멘소리로 이른 나이에 치매에 걸린 엄마의 병을 뒤늦게 나무랐다. 자신의 죄를 책망하듯이 눈시울을 붉혔다.

"니들 어미 클 때 어른한테 말대답 한번 않고 얼메나 곱게 자랐는디."

딸자식의 죽음 앞에서 자신이 살아온 동안의 말 못할 체증을 같은 크기의 한으로 환치시키는 소리로 들렸다. 엄마의 위패는 엄마가 어릴 적 외할머니의 손에 이끌려 다니던 관음사에 모셔졌다. 절 마당에서 초상 치를 때 입었던 소복과 엄마의 소지품을 태웠다. 스님은 사람 모형의 짚동가리 몸뚱이에 광목 한 필을 휘감아 불사르기도 하였다. 외할머니보다 먼저 가신 엄마의 가슴에 한이 남아있다면, 그것이 외할머니의 인생과 연관이 있었다면 그마저 살라지길 바라는 마음에서였을 것이다. 그 한의 인자가 내게까지 밀려와 있다면 그것도 분향처럼 날아오르길 속으로 바랐다.

차마 떠나지 못하는 엄마의 넋이 훠이훠이 날아가길 소원하였다. 선뜻 발 떼지 못하는 엄마의 혼과 옷자락이 어느새 재가 되었고, 미처 타지 못한 하얀 고무신만 짝으로 남았다.

엄마는 늘 수심이 깊었던 것 같다. 외할머니의 고단한 삶이 엄마의 몹쓸 병을 키웠을까. 이러저러한 생각에 머리가 복잡해졌다. 잡생각이 타다 남은 고무신에 담기면서 고무신은 꺼무레한 목선의 환영으로 변해갔다. 그 안으로 검붉은 탁류가 차올랐다. 흰 고무신이 마저 타기 시작하는데, 매캐한 연기가 나를 쿨룩거리게 하였다. 보이지 않게 혹은 당연하게 여자를 멸시하는 인습이 형벌처럼 느껴졌다. 순간 나는 그 연기에 묻혀 숨죽여 울고 있었다.

꼬부랑 큰할머니도, 서둘러 돌아가신 엄마도 모두 연민의 대상일 뿐이다. 존재의 허울마저 잃고, 천형인 양 받들어온 외할머니의 삶은 오지 않을 봄을 기다리는 얼어붙은 겨울이었을지 모른다. 어언 70여 년을 자식 낳고 살아온 그 자리에 이름 석 자 올리지 못하고, 잚어진 세월의 등껍질만 부풀리며 한을 키워온 한 노인의 굽은 등을 누구라서 펴 줄 것인가. 백수를 내다보는 외할머니의 등이 거북바위 같아 보였다. 딸을 먼저 떠나보내는 어미의 회한 서린 몸짓, 외할머니는 고개를 들지 않은 채, 거북이가 움직이듯 천천히 굽은 몸을 움직거린다.

"날이 참 좋다, 이런 날 떠난 착한 니그 어메, 여그 보다 더 좋은 데로 갔겄다."

외할머니의 관절을 결박했던 소리가 부서질 듯이 풀려 나왔다. 백수(白壽)세월 동안 묶여 있던 설움의 소리가 흘러나오는 듯 들렸다.

세월을 닫아걸고 외할머니처럼 늙어가는 외갓집 정주간, 그곳에는 두 할머니와 평생을 같이한 커다란 가마솥이 두 개 있다. 빈 시렁에 올라탄 끄름과 함께 가마솥은 여전히 부뚜막에 붙어 있는 것이다. 가마솥을 보노라니 두 할머니의 기이한 동거를 보는 것만 같다. 외할머니의 손 거스름이 묻어나던 풍로 앞에서 이러저러 시름을 살라낸 흔적들을 드려다 본다. 타버린 불꽃처럼 서글픈 사연이 재가 되어 부지깽이 사이를 떠돌 뿐 지금은 아무런 소리도 들리지 않는다. 어둠 속 바람도 살강 위의 끄름도 가해자가 아니다. 누구도 책임지지 않는 세월이 가해자인 셈이다.

시간의 균형을 깨고 죽어서도 버젓이 살아 있는 사람이 있는가 하면 살아서도 응당 죽은 사람이 되어 있는 현실이 안타깝다. 죽은 사람의 이름으로 평생을 살아가는 일그러진 외할머니의 존재를 아름답게 규준 지을 묘안은 정녕 없는 것일까. 백수를 앞둔 외할머니에게 하. 나. 부라고 부를 수 있는 시간이 얼마나 남아 있을까. 마음이 조급하여진다. 죽은 듯이 살아온 날들이 시꺼멓게 그슬려, 가마솥 밑 둥 더께로 남았다. 가해자의 부재, 여기서 내가 할 수 있는 일은 과연 무엇인가. 채우고, 퍼주고, 비우느라 생을 바친 외할머니의 가마솥. 거기에 대고 잃어버린 이름 하·나·부를 정주간이 쩡쩡 울리도록 불러드려 본다.

하·나·부 소리가 멈추고, 균형 잃은 인생이 멈추고, 가마솥 안에서 잠자던 나비 한 쌍이 나풀나풀 날아오르는 환영을 꿈꾼다. 가마솥을 벗어난 나비는 잃어버린 봄을 다시 찾을 수 있으려나.

# 혼 흘림의 서사

*권진규 작가의 아틀리에는 서울시 문화재이며, '내셔널 트러스트(N.T)'의 시민 문화유산 3호로 지정된 곳으로 '아티스트인 레지던스 프로그램'을 최초로 시행한다.
1973년 5월 4일 동선동 아틀리에에서 스스로 생을 마감한 권진규 조각가는 20세기 테라코타의 거장으로 평가되고 있다.

*테라코타 : 구운 점토라는 뜻이고, 양질의 점토를 구워 만든 조상(塑像)과 그릇을 말한다. 사자를 달래기 위한 명기(名器)로 영혼의 그림자를 담는 그릇이란 의미도 지니고 있다.

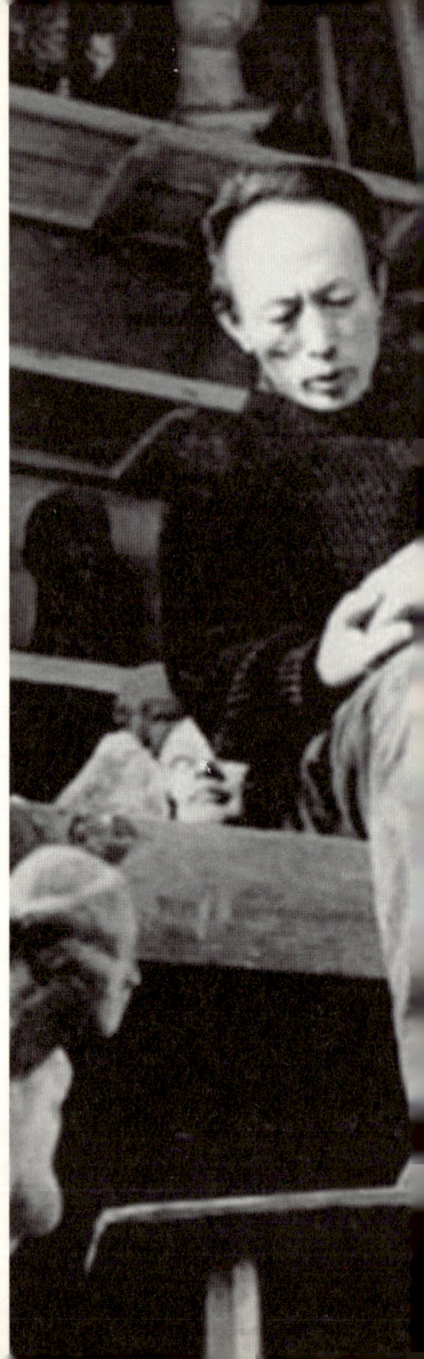

## 20세기 한국 테라코타의 거장
# 故 권진규 작가를 쓰다

그를 만난 적은 없다. 그의 영혼을 초대한 음악회에 갔었다. 아틀리에에 걸린 걸개그림 속에서 그는 웃고 있었다. 근대 조각가 권진규의 35주기 특별전과 그를 기리는 두 번째 '작은 음악회'가 권진규 기념 사업회 주최로 지난 2008년 11월 5일 성북구 동선동 그의 아틀리에서 있었다.

나는 그곳이 보수되기 3년 전, 그의 영혼이 깃든 작업실을 권진규 작가의 유족과 함께 방문하였다. 낡은 목조 실내에 놓인 그의 소품들이 들려주는 이야기에 이끌려 세 편의 연작 수필을 썼다. 미완성으로 끝난 그의 삶을 마주하면서 완성할 수 없는 나의 글을 꿈꾼 것이다. 주인 잃은 등산화와 물감 접시 등, 천재 예술가의 고독하고도 숭고한 흔적을 쫓으며 떨림과 설렘을 경험하였다. 수필 작품 속 '오래된 거울'을 그때 처음 마주하였다.

그는 서양사조인 추상이 미술 동네를 잠식할 때인 1960년대에, 고독하게 한국적 리얼리즘을 승화 발전시킨 조각가이다. 그의 두상과 흉상 작품은 20세기 역사적 상흔을 안고 살아가는 사람들의 고뇌와 희망을 드러내

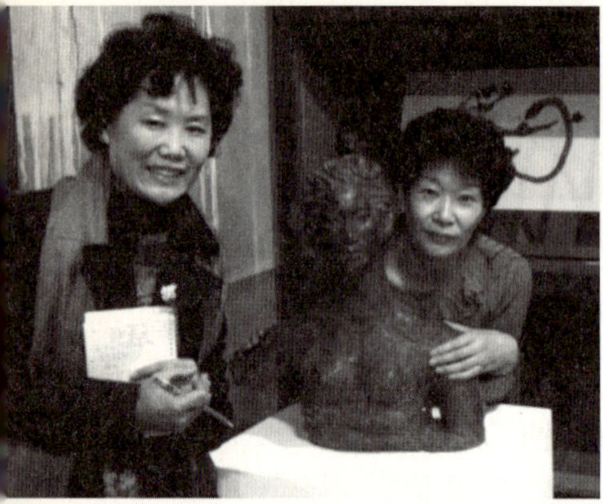

* 작품'영희'의 실제 모델과 저자(왼쪽)

인간의 전형을 각각의 모델들을 통해 형상화하였다. 그는 일본 무사시노 미술 대학에서 그의 작품성을 흠모하고 브론즈 작품 전시회를 주관해 왔던 일본인 아내 도모를 만났다. 그는 흙의 근원적인 힘에 천착하였고, 구도자(求道者)적 사상과 지조(志操)의 견고성을 드러내는 체념의 인간 표정을 빚어내었다. '테라코타'와 '건칠'이라는 그만의 전통적인 기법으로 독특한 표현양식을 발전시킨 것이다. 미술 평론가들 사이에서 그는 근대 회화의 큰 산이 박수근이라면, 근대조각의 큰 산은 권진규라고 일컬어진다. 하지만 그는 스스로 목숨을 끊었다. 작업실에는 그의 최후를 말해주는 유품들이 있었다.

그를 미행하면서 고통이 아름다움을 잉태한다는 진리를 깨닫게 되었다. 아름다움으로 다가가는 가슴은 아리고 아팠을 거라는 짐작이 그의 산문에 드러나 있었다. 그저 그런 삶을 살았더라면 천재로 일컬어질 수 없었을 것이다. 시대를 뛰어넘는 미적 추구로 그는 늘 외로웠고 고독의 부피만큼 작품구상의 열정에 빠지게 되었다. 그만의 예술 양식은 근자에 와서 천재만이 다가설 수 있는 전형으로 여겨지고 있으니 그는 과연 예술의 산을 하나 일군 것이나 다름없는 것이다. 사상의 나그네로 불렸던 그는 손수 지은

10평 남짓한 아틀리에서 인간 구원을 위해 자기 학대와 금욕주의의 고뇌를 불사르다가 1973년 5월 51세의 나이로 순수한 그의 영혼을 스스로 살랐다. 유서는 '인생은 공(空)과 파멸(破滅)'이라는 말을 그의 영혼으로부터 받아내었다. 그는 마침내 손수 지은 아틀리에서 영원으로의 탈출과 비상을 꿈꾸다가 청조(靑鳥)가 되어버린 천재 조각가로 남게 된 것이다.

천재 조각가의 죽음은 결코 냉대와 소외의 희생이 아니라, 소외를 극복하고자 하는 무한의 열정으로 추앙되고 있으며, 시대정신을 온몸으로 아우르고 청조가 되길 꿈꾼 보기 드문 예술가의 비상이었다고 평자들은 말하고 있다. 35년간 굳게 닫혀있던 권진규의 아틀리에는 문화재청 등록문화재 제134호가 되었고, 그의 여동생(권경숙 여사)의 뜻으로 (재) 내셔널트러스트 문화유산기금에 기증되어 시민문화유산 3호로 탄생, 새롭게 보전되고 있다.

권진규 작가에 대한 필자의 연작 수필 〈그를 미행하다〉, 〈정물이 된 의자〉, 〈혼 흘림의 서사〉는 동선동의 작업실에서 마주한 그의 예술혼에 이끌려 쓴 글임을 밝혀둔다.

*동선동 권진규아뜨리에의 작은음악회 전경

# 그를 미행하다

1973년의 그 날 이후 한 번도 열리지 않았던 공간.

상봉 슈퍼에서 길을 묻자 나이 든 여인이 가파른 계단을 가리켰다. 겨울 햇살을 등지고 층층 계단을 돌아 오르니 허름한 가옥이 절벽처럼 눈앞에 서 있다. 빛바랜 지붕이 안쪽으로 올려다 보인다. 짙은 청색 대문을 열고 오래된 사진첩을 들여다보듯 집 안팎을 조심스럽게 살핀다. 마당에 깔린 징검돌을 딛고 그의 작업실로 들어가는 길목의 중문에는 줄기만 가시처럼 남은 담쟁이가 달라붙어 있다.

오후 햇빛이 아직 남아있는데 인적 없는 아틀리에는 늪지처럼 축축하고 어둑하다. 시간마저 멈춘 듯 적막하고 내 인기척에 놀란 먼지가 유리창 안에서 햇살에 부유한다. 남겨진 그의 유품들은 주인의 손길을 놓친 자리에서 세월의 궤적을 긋고 있는 듯하였다. 작업실 미닫이문을 조심스럽게 열었다. 거미줄이 문을 따라서 옮겨졌다. 거미가 조금 움직였다. 잇대어진 작은 창문들이 밀폐된 공기를 흔들면서 그동안 갇혀있던 시간을 울림으로 열고 있다.

창이 없는 벽 쪽에 거무스름하게 얼룩진 거울이 길게 걸려 있다. 회벽을 타고 흘러내린 빗물 자국이 산화된 눈물 자국처럼 진회색 줄무늬를 만들어내었다. 거울은 뒷벽을 비추면서 앞에 있는 나를 비추었다. 줄무늬와 나 사이에 언뜻 무언가 비쳐드는 느낌이 든다. 얼른 뒤를 돌아보았지만, 울림이 끝난 공간만이 처음처럼 고요하다. 오래된 거울 속 검은 얼룩 때문에 그리 보인 것이었을까?

그가 손수 지었다는 작업실은 꽤 높아 보인다. 시골의 작은 수도원 같은 느낌이 들기도 하고, 오래된 물건이 담겨있는 대형 고리짝으로도 보인다. 나 자신이 사물이 되어 커다란 고리짝 안에 들어와 있는 느낌이 든다. 순간 그를 미행하고 있다는 묘연한 의식이 마른 침을 삼키게 한다.

미완성 조각 작품이 아틀리에 여기저기 너부러져 있고, 테라코타를 굽던 가마 옆에는 아직도 물이 마르지 않은 우물이 있다. 33년간이나 물을 퍼 올리지 않았음에도 물길이 바뀌지 않은 것은 아직도 그곳을 떠나지 못하는 그의 영혼 때문은 아닌지. 그가 즐겨 앉았던 낡은 의자 옆에 미완의 인물상이 다소곳이 놓여있다. '인생은 공(空)과 파멸(破滅)'이라고 단정했던 그의 의식처럼 해 그림자 속에서도 또렷하고 묵직하게 느낌을 전하고 있다.

맑은 그의 영혼과 초점을 맞추어 볼까 싶어서 찬찬히 그 거울 앞으로 다가선다. 잠자던 마음을 헹궈낸 나의 모습이 문득 얼룩 속에 비친다. 나도 그도 아닌 듯한 형상이다. 셀 수 없이 하얘진 머리카락과 거뭇거뭇한 점들이 언제 들어와 박혔는지 모르게 많다. 손으로 얼굴을 만져보고 머리카락을 빗어 넘겨보지만 희끗한 머리칼이 아무래도 낯설다. 희고 단호한 그의 얼굴 윤곽선을 상상하면서 거울 속에서 그의 과거와 나의 현재를 뒤섞어 본다. 거울 속 인물이 홀연 사라지고, 거울은 작업실에 들어찬 그의 손길을 세세히 비춰낸다. 그의 부재를 빛과 공기로 채우고, 꾹꾹 눌러 짜다 둔 수채화 물감의 부러진 몸통과 안료를 풀어 놓았던 접시들이 고적하게 그림자 크기를 늘려가고 있다.

주르륵 물감이 흘러나올 듯 팽팽한 긴장감이 쌓인 먼지를 털어낸다. 어딘가에서 미세하게 물소리가 들려온다. 그 소리를 따라가 보니 우물 속에 거울이 또 하나 있다. 물은 잔잔한데 우물 거울 속에서 그가 출렁이고 있다. 환(幻)이다. 그가 낡은 의자에 나와 앉으며 작은 고리짝 옆으로 몸을 움직이는 느낌이다. 지난 기억을 고스란히 비춰내는 것은 거울뿐이 아니다. 진흙이 묻어 있는 그의 등산화와 주름진 검정구두, 사그랑이 된 누비이불이 그의 아픈 과거를 뼛속처럼 드러내고 있다.

내가 알고 있는 몇 가지의 단서를 앞세우고 구체적 미행을 시작한다. 그는 화실 안에 여섯 자 깊이의 우물을 파 놓고, 뒤뜰 쪽으로 기다란 문을 내었다. 일본 유학 시절 만나 부부로 살았던 여인 도모. 그녀가 그리울 적마다 불콰해진 얼굴로 눈물을 빠뜨렸을 그 사람을 떠올리니 눈시울이 뜨거워진다. 외(倭) 며느리는 끝내 받아 드릴 수 없다는 어머니의 매몰찬 결기를 거역하지 못한 그가 눈을 감은 채 벽에 기대어 서 있는 듯하다. 결국, 그는 홀로 귀국하여 어머니의 권유로 다른 여자와 결혼을 하였지만 곧 헤어지고 만다. 사람의 외로움이 바람의 파장으로 남아 아틀리에 공간을 떠돌고 있다. 중첩된 상실감을 견디기 위해 돌을 쪼아내면서 스스로의 결핍을 메워갔을 것이다. 작은 흙방에서 참담함을 토하다가 그는 더 이상 작품을 거두려고 하지 않았다. 그의 결락(缺落)은 오히려 침잠된 영혼을 담는 그릇이 되어 버렸는지 모른다.

갑자기 천장에 매달린 굵은 쇠사슬 두 줄이 눈앞에 와 멎는다. 그의 감성은 덧 상처를 이기지 못하고, 결국 손수 지은 작업실에서 자유로움과 악수를 하고 만다. 쇠사슬은 그를 힘든 세상에서 탈출시키는 통로가 되어주었고, 청조(靑鳥)가 되어 날고자 했던 그의 영혼을 자유롭게 날게 한 것일까. 퇴색된 테라코타의 거푸집이 고리짝 옆에서 그의 분신인양 뿌옇게 웅크리고 있다. 부러진 발목과 끊어진 몸통 조각, 팔에서 잘려 나온 석고 조각들이 아직도 제자리를 찾지 못하고 작업대 밑에 엉켜있다. 그때 의자 옆에 놓인 축음기에서 누군가의 소리가 들린다. 거울 속에 비친 그림자에 나직이 말을 건네고 있다. 거울 속 검은 얼룩이 아른거리기 시작한다.

말이 없는 당신, 오랜만입니다.
당신은 조센징이어서 나는 니혼징이어서
봄날의 꽃잎처럼 허망하게

바다를 사이에 두고 우리는 인연의 줄을 놓아야 했습니다.
나도 내 아버지를 미워할 수 없었고
당신도 당신 어머니를 원망할 수 없었을 것입니다.
당신이 떠난 후 찾아온 겨울은 춥고 힘들었습니다.
그러다가 지금의 남편을 만났습니다.
남편도 진심으로 당신의 예술성을 존경합니다.
내년에는 당신을 만났던 무사시노 미술대학에서
당신을 위한 전시회도 계획하고 있으니까요.
당신의 빈자리를 채우면서
제가 오래도록 당신 일을 거들 수 있는 것은
어쩌면 당신이 먼저 세상을 떠났기에 가능한 일인지 모릅니다.
이제 저도 걸음이 시원치 않습니다.
가뭇없이 당신 생각이 나면 괜스레 당신과 함께였던 언덕길을 걷고 싶어집니다.
무서리 내린 뒤라서 밖은 추워지고 곧 눈이 내리겠지요.
한두 자쯤 하얗게 눈이 쌓이면
어둠별로 떨고 있을 당신을 위해
오타루 마을에서처럼 눈꽃 등을 달고 싶어집니다.
그런데 올겨울 추위를 제가 잘 견디어낼지 걱정입니다.
그래도 당신 기다려 보아요.

서리꽃 피는 당신의 작업실 창가로 눈발이 날리는 지
그때 저는 눈꽃 등에 불을 켜겠습니다.

아! 그녀일까? 거울에 서린 영혼을 깨우듯 가벼운 바람이 적요한 아틀리에 뒷문을 두드린다. 미망인의 역할을 하고 있다는 도모 상의 옷자락 끌리는 소리인지, 가을날 무심히 떠나버렸던 여인의 방문인지 미완의 인물상을 스치며 문 사이로 가벼운 바람이 인다. 여전히 작업실은 고요하다. 미완의 돌덩이들이 널브러져 있는 곳으로 가만히 다가가 본다. 인물 조각상 하나가 살아있는 듯 실눈을 하고 엷은 미소를 띤 채 다소곳하다. 콧날이 높지 않아 편안한 느낌이다. 가만히 먼지를 털어내고 햇살이 드는 쪽으로 고개를 돌려 앉혀 놓는다. 조각상은 정지된 시간 속에 남았다. 돌과 진흙 덩이는 작가의 손길을 타면서 차츰 자신의 내면을 드러내고, 작가는 자기의 영혼을 빼내어 작품 속에 가둬 두곤 한다. 그러나 주인 잃은 미완의 작품들은 남은 누군가에 의하여 새로이 상상이 되고 다시 태어난다. 새롭게 쪼아내고 빚어낸 낸 작가의 공력만큼 새롭게 완성되어 가리라.

한 사내가 예술의 혼을 불태운 곳에서 불꽃처럼 목숨을 놓아버린 이유를 이제 편안한 마음으로 물어도 될까. 미완의 사랑을 붙들고 인생마저 미완성으로 밀어낼 수밖에 없었던 이유가 무엇이었느냐고 넌지시 물어보지만, 거울은 대답이 없다. 외롭게 버티어낸 담벼락의 흙만 스르르 부서져 내릴 뿐이다. -凡人에게는 침을. 천재에게는 감사를, 바보에게는 존경을-

낙서처럼 적힌 그의 육필이 점점이 지워져 획을 잇지 못하고 있다. 그의 선택은 결국 바보가 되는 것이었을까. 지금 우리가 그에게 존경의 갈채를 보내고 있으니 말이다. 계단이 삐거덕거리며 흔들려서 잠시 작업실을 내려다본다. 미완의 인물상과 다시 눈이 마주친다. 그는 인물상의 남은 별 그림자를 뉘이며 얼룩진 거울 속으로 사라져 간다. 아! 내가 그를 미행한 것이 아니라 나를 미행한 것은 오히려 그였었나 보다. 아무리 둘러봐도 그가 보이지 않는다. 작업실로 바람이 비켜 든다.

〈그는 자신의 아틀리에에서 예술혼을 불사르다 "靑鳥"가 되어 날아가 버렸다. 2009년 겨울 오후, 그의 아틀리에에서 그의 오래된 거울을 들여다보다가 나는 그를 미행하게 되었다.〉

# 정물이 된 의자

철재 대문에 포스터가 붙어 있다. 입술을 굳게 다문 K 작가의 자소상(自塑像)이 침묵하고 있다. 열십자로 가로 지른 자소상의 거푸집 이음새가 보인다. 흑 갈색의 도드라진 흔적은 암울하고, 마치 진흙이 굳기도 전에 두상을 거친 끈으로 묶어버린 느낌이다. 이마에서 턱까지 곧게 내려친 선과 코끝에서 십자로 교차한 횡선은 피할 수 없었던 K 작가의 숙명과 운명의 올가미였을까. 뜰 안으로 그가 즐겨 듣던 음악이 부드럽게 흐르고, 돌연 세상을 떠났던 K 작가가 바람처럼 하얀 스크린에 되살아나고 있다.

아틀리에 옆에 붙어있던 살림집이 4 칸짜리 살림채로 거듭났고 옛집의 교창(交窓)을 그대로 살려내었다. 누마루를 달아낸 널찍한 대청은 조각가가 상시 거주하는 '레지던스' 작업공간으로 거듭났다. 대청마루에 서서 소리를 끌어내는 소리꾼의 판소리가 뜰 안에 넘쳐난다. 소리꾼은 심 봉사 눈 뜨는 대목에서 버선발로 장단을 맞추더니 매화꽃 화려한 부채를 펼쳐 들고, 성주를 맞이하듯 목청을 높인다. K 작가의 혼령이라도 만난 듯이 뱃소리를 힘차게 토해낸다. 추임새는 없고 고수의 북소리가 뜰채를 울린다.

어두웠던 아틀리에 창안으로 봄빛이 산란하는 봄날, 취재 기자들의 발걸음이 분주하다. 평소에 그가 제일 좋아했다는 해바라기 꽃이 작업실 항아리에 듬뿍 꽂혀 있다. K 작가와 함께했던 지인들이 묵묵히 해바라기 꽃을 받쳐 들고 추모의 마음을 전한다. 그가 앉았던 의자 위에도 샛노란 해바라기가 하나, 둘씩 모여 수북이 쌓여간다.

봄바람이 소리꾼의 치맛자락을 들썩이며 어화둥둥 춤을 춘다. 지빠귀와 박새란 놈도 판소리가 흥겨운지 지붕 위를 떠나지 않고 지저댄다. 소리꾼의 어깨가 크게 움직이고, 소리를 끌어내는 소리꾼의 목울대가 도드라지는 것을 보아하니 심 봉사가 곧 눈을 뜰 모양이다. '아이고 아버지……!' 소리꾼이 힘차게 사설을 내지른다. 35년간 닫혀있던 아틀리에 문이 활짝 열린 날, 심 봉사 눈 뜨는 소리가 터져 나왔다. 소리꾼은 절정의 순간에 닿아 제대로 흥이 나질 않는지 입 다문 사람들을 향해 '얼씨구!' '조오타!' 추임새를 넣으라 부추긴다. 소리꾼의 신명을 따르지 못하는 관객들에게 혼이라도 내는 듯, 그는 더욱 목청을 돋운다. 소리꾼은 추임새 없이 노래하기 처음이라 푸념하고, 관객들은 혼나가며 노래 듣기 처음이라고 응수하며 판소리 마당은 마무리된다. 흥이 없는 게 아니라 어둠의 시간과 빛의 시간이 상봉하는 엄숙함 때문이라 여긴다.

아틀리에 입구에는 옛 작업실 전경을 큼직하게 인쇄한 걸개그림이 휘장처럼 걸렸다. K 작가는 휘장 안에서 여느 때처럼 말의 두상을 다듬고 있고, 그를 바라보는 빈 의자와 완성된 작품들이 그의 공간을 채웠다. 포스터 속의 '자소상'이 지긋이 걸개그림을 바라본다. 아틀리에는 작은 성소처럼 보인다. 진열장과 작업대 위에 그의 테라코타 작품이 먼지에 싸인 채 정지된 시간을 세고 있다. 아틀리에의 중문으로 빛이 새어든다. 작업실에 남겨진 미완성의 유작들은 그를 보내지 못한 채 여리게 빛을 물고 있다. 격자무늬 창으로 날마다 빛이 스며들었겠으나 오늘처럼 많은 빛을 몰고 온 적은 없었을 것이다.

오래도록 유예된 공간, 인적 없는 이곳에서 나는 2년 전, 그의 혼이 남긴 흔적과 대면했다. 축음기 옆에 있던 그의 의자를 처음 보았고, 손수 지은 작업실에서 그가 목을 매어 세상에서 달아난 단서를 찾아보려고 두근거리며 의자를 만져보기도 하였다. 그리고 쇠사슬이 매달린 천정을 올려다보았을 때 섬뜩한 감정이 목젖을 조여 왔다. 그 순간 무언가가 내 손을 꽉 잡고 놓아주지 않을 듯한 공포감을 느꼈다. 의자에서 얼른 손을 거두었다. 음산한 감정에 절룩거리면서 나는 여전히 팔걸이가 있는 의자에서 마음을 거두지는 못했다. 끝까지 그를 지켜보았을 의자에게 듣고 싶은 말이 있어서였다.

남겨진 작품 못지않게 그의 체취가 의자에 물씬 묻어 있었다. 욕망과 분노로 방황하는 영혼을 뜨겁게 살라낸 토우들을 진열대에 나란히 올려놓고 흡족해할 때 K 작가의 어깨를 감싸주던 것도, 흙 묻은 그의 팔을 쉬게 한 것도 의자였을 것이다. '지원의 얼굴'을 바라보며 혹은, 일본에 두고 온 '도

모'가 그리워 눈시울 붉히던 그를 온전히 바라봐 주는 일도 의자의 몫이었을 터이다. 지독한 열병에 시달린 관능의 촉수는 점점 흙 놀이 속으로 깊이 빠져들어 갔을 것이다.

작품이 모이면 그는 손수레에 작품을 싣고 전시장으로 가기 위해 가파른 언덕길을 내려갔다. 차마 같이 따라나서지 못한 마음을 테라코타에 실려 보내고, 의자는 그가 집을 비운 동안 흙먼지를 가라앉히며 그를 염려했으리라. 늦도록 돌아오지 않는 K를 기다리면서.

오늘 의자 위에 노란 햇볕이 들었다. 어두웠던 아틀리에 문이 열리고 그를 가두었던 골방으로도 노란빛이 뛰어들었다. 흙이 부서져 내리던 골방이 말끔히 단장되었지만, 필부고자(匹夫孤者)로 남고 말았다는 그의 절절한 독백이 흙벽 속에 숨어 있는 듯하다. 갇혔던 소리가 풀려나오고 작업실 안의 우물가로 사람들이 몰려드니 마치 사람이 해바라기 꽃잎으로 피어나는 착각이 든다. 서까래에 매달린 굵은 쇠사슬이 진열대를 떠받친 중층 바닥을 여실히 붙들고 있다. 취재에 열중인 기자들의 카메라 렌즈는 중층을 붙들고 있는 쇠사슬을 쭈욱 끌어당긴다. 찰칵찰칵 셔터 터지는 소리가 기자들의 숨소리와 섞이며 갈급하게 신음했다. K 작가가 매달렸던 들보에서 컥~ 그의 숨 끊기는 소리가 환청인 듯 들린다.

교창으로 들어온 햇빛이 신음을 잠재운다. 음악은 흐르는데 우물 안을 들여다보던 사람들이 하나둘 떨어져 나간다. 피고 지는 사람의 물결처럼 의자 위에 쌓인 해바라기도 점점 기운을 잃고 다시 말라갈 것이지만, 의자는 더는 퇴색하지 않고 노란빛으로 찾아든 아침을 날마다 맞을 것이다.

지금 어디메 쯤
아침을 몰고 오는 분이 계시옵니다.
그분을 위하여
묵은 이 의자를 비워 드리지요.

K 작가가 자신의 혼을 꺼내 빚은 테라코타는 비워낸 속의 티끌마저 태우며 뜨거운 불길 속에서 단단해져 갔다. 속이 빈 흉상과 두상들이 하나씩 그의 분신이 되어 그를 지켰다. 결기에 순종한 테라코타는 눈 하나 끔쩍 않고 K 작가를 따라서 동선동 고갯길을 기꺼이 내려갔다. 전시장에서 팔리기도 하였지만 팔지 못한 것들은 아틀리에로 돌아와 다시 그를 지켰을 것이다. 허나 K 작가는 세상을 탈출하는 마지막 순간에 자기를 지켜주던 의자를 박정하게 걷어차 내고 말았다. 의자를 비우는 의식이 모질게 이뤄지고 끝까지 그를 지켜내지 못한 의자는 형벌처럼 그를 기다려야만 했다. K 작가의 혼 흘림이 테라코타 속으로 은닉되고, 주인을 잃은 의자는 아틀리에의 나무 테라코타가 되어 수없이 찾아드는 아침을 맞으며 주인을 기다려 온 것이다.

지금 어디메 쯤
아침을 몰고 오는 어린 분이 계시옵니다.
그분을 위하여
묵은 의자를 비워 드리겠어요.

먼 옛날 어느 분이
내게 물려주듯이

지금 어디메 쯤
아침을 몰고 오는 어린 분이 계시옵니다.
그분을 위하여
묵은 의자를 비워 드리겠습니다. - 조병화의 시 〈의자 7〉 전문-

의자 위에 얹힌 해바라기가 다시 그림자가 되어간다. 그의 의자는 기다림이었고, 별리(別離)였으며, 누군가를 향한 지독히 외로운 정물(靜物)이었다.

＊이 글은 월간 수필시대에서 '현대시와 수필의 만남'이라는 기획에 맞추어 조병화 시인의 시 〈의자 7〉과 권진규 작가를 엮어 빚은 작품이다.

# 혼 흘림의 서사

〈그의 여인들〉

대한문을 들어서자마자 조각가 권진규의 전시회를 알리는 현수막이 반긴다. 미술관으로 가는 길에 그와 함께 수장되어버린 테라코타들의 절제된 이미지를 떠올려본다. 천만 년이 지난 고분 속 유적처럼 건칠이 잘된 그의 테라코타들은 음울한 슬픔을 간직한 채 정념 없이 그의 호흡을 전하였다. 석조전 전시관 입구 너른 계단 왼편으로 작품 〈애자〉의 초대형 걸개그림이 바람을 받아 수직으로 강직하게 펄럭거린다. 그녀의 눈빛이 바람에 감겨지면서도 교교한 빛을 잃지 않는다.

화강암 묘비에 거칠게 음각된 그의 이름을 상기해본다. 그의 무덤 번호 '201720'이 모르스 부호처럼 타전되고, 고아한 차림으로 언덕배기를 오르는 여인들의 범상치 않은 모습이 그 신호를 타고 들어선다. 파수꾼처럼 동선동 아틀리에 언덕에 서 있던 젊은이가 그녀들을 정중히 에스코트하는 장면이 뜬다. 여인들은 먼발치에 눈길을 둔 채 자세를 흐트러뜨리지 않고 계단을 오른다.

오늘은 그의 아틀리에에서 음악회가 열리는 날이다. K와 인연을 맺은 여인들이 오랜만에 그의 집으로 초대된 것이다. 작품 속의 여인들이 그와 헤어진 뒤 몇십 년 만에 해후를 하는 것인가. 부끄러운 눈빛을 그에게 맡긴 채 작업실에 정물처럼 담겨 있었던 기억이 새롭다. 그녀들의 표정이 사뭇 경건하다.

아틀리에는 예전의 모습과는 달리 정돈이 잘 되어 있었다. 여인들이 화실 안으로 속속 들어간다. 미리 마련된 하얀 받침대 위에 그녀들의 이름이 적혀 있고, K는 비장한 눈빛을 뿜어내며 화실 입구에 자리하였다. 여인들은 비로소 고향 집에 와 있다는 안도감으로 K와 눈을 맞춘다. 미완의 편린들이 물비늘처럼 반짝이던 아틀리에에 모처럼 실제의 주인공들이 모여든 것이다. 노실(爐室)에 갇혀 불춤을 추던 영혼들의 열정이 한바탕 마임을 펼칠 기세이다. 아틀리에를 부유하던 기다림의 시간이 테라코타 여인들에 의해 천천히 풀리고 있는 느낌이다. '201720,' 급히 타전된 묘 번 숫자가 하나하나 흩어지며 날갯짓을 시작한다. 날갯짓은 나비 떼가 되어 아틀리에 언덕을 오르던 여인들의 발자국을 따라 덕수궁 미술관 쪽으로 훨훨 옮겨진다. 여인들이 전시관 앞 계단에서 〈애자〉의 서늘한 눈빛과 마주친다. 애자의 눈빛도 이에 합류한다.

〈예술적 산보의 흔적〉

새는 자유로움의 상징이다. 무한한 우주에 살기 위해 최소한의 무게로 허공에 몸을 날리는 생물이다. '인생은 공이요, 파멸'이라는 유서를 남기고 청조가 되어 세상을 떠나간 테라코타의 거장 권진규는 자신의 가치를 죽음과 함께 부장시켰다. 날마다 부활을 거듭하며 테라코타의 진가를 구가하고 있는 것이다. 흙으로 빚어진 피조물들은 그가 죽어서야 유효한 생의 순간을 소유하게 된 것을 알게 되었다. 그가 바라고 바랐던 구도의 삶을 대신 사는 것이나 무엇이 다를까. 그는 생을 잉태한 흙에 숨결을 내뿜었고 흙의 날숨을 들이마시는 진흙 놀이를 자신의 과보처럼 행하였다. 진흙에 천착한 조각가로서 순결한 존재 구원의 한 양식을 구가하다가 숨을 거둔 것이다. '예술적 산보'에는 추상 조소가 주류였던 당시의 예술 동네에서 인정받지 못했던 작가의 한기 서린 고뇌를 읽어낼 수 있었다.

2009년에 무사시노 미술대학 졸업 50주년을 기념하는 특별전이 동경 국립미술관에서 대대적으로 열렸다. 그를 태어나게 한 조국보다 귀한 대전을 준비한 이국의 정서에 대해 미술계가 부끄러웠는지 그해 말 12월부터 2010년 2월 끝날까지 석 달에 걸친 권진규를 추모하는 전시회가 대대적으로 기획되었다. 그의 실제 아내이자 동거녀였던 '가사이 도모꼬'의 소장품뿐만 아니라 그의 스승 다카시와 다카시의 스승이었던'부르델'의 부조 작품은 물론, 개인들이 소장한 작품까지 총 망라하여 공개한 것이다.

엄숙하고 냉철한 그의 사유를 온전히 느낄 수 있는 전시회였다. 동서양을 초월한 다카시 선생의 섬세한 감각은 두 사람 사이의 심연을 들여다볼 수 있는 귀한 기회를 제공하였다. 그는 전시장 어디에도 현존하지 않지만 한 결의 절리도 허투루 여기지 않은 작가적 실존이 반영된 작품들이 그만의 엄격한 질서를 경험하게 한 것이다.

이번 대규모 전시는 총 6부로 무사시노 미술 대학 시절의 작품과 인물상, 자소상, 동물상, 구상과 추상의 경향이 혼재된 부조작품, 시미즈 다카시 스승과 부르델 작품 등의 군으로 부스가 나누어졌다. 스승과 제자의 예술 세계를 일목요연하게 한자리에서 조망할 수 있는 기획이었다. '진흙의 유희성'에 천착한 천재 작가 권진규의 순수함을 멸시했던 시대적 사조는 오히려 그의 희소성을 배가시키는 동력이 되어주었다. 유리처럼 부서져 내린 그의 영혼은 금 간 채 작품 속에서 발가벗겨졌고 소통을 원하였지만 웅크린 채 무릎을 꿇어 버렸다. 욕망의 곡선을 펴지 못하고 구불구불 화석이 되어버린 작품 '뱀'의 형상은 마치 완결 짓지 못한 작가의 불구적 삶을 보는 듯하여 마음이 섬뜩하였다.

형의 사망과 조국의 전쟁, 부친의 사망, 왜국의 며느리는 볼 수 없다는 그 어머님의 절대 불가 원칙 등의 어려운 상황은 그를 절대 공간 속에 더욱 가두는 원인이 되었을 것이고, 가사이 도모와의 생이별은 그를 참담케 하였을 것이다. 그럴수록 가식과 허위로 분식한 모델들과 조응하고 세상 탈출의 일념을 향유하였던 것일까. 그는 모델들과 일체 될 때 본질을 꿰뚫는 시선을 취하게 된다는 믿음을 통시하였던 것 같다. 그녀들과 순결을 지켜나간 그의 편력은 그의 예술성과 비례한다. 그런 생의 끝에서 그는 삶과 죽음을 초월하는 극적 영원성을 예비한 것이다. 예술이란 그들의 고통스러운 서사를 끝없이 요구하는 무한기행이라 아니 할 수 없다. 차라리 그를 일으켜 세운 것은 스스로 선택한 죽음의 꼬리표였다는 아이러니가 그것을 반증해 준다.

〈불장난의 우연〉

그는 절제된 눈빛으로 그녀들의 허울을 나풀나풀 벗기면서 진흙을 바른다고 고백하였다. 아틀리에서 그의 여인들은 K의 예리한 눈빛을 과연 어떻게 감당했을까? 그녀들은 K의 의지대로 거칠게 잘리고 다듬어지면서 진흙 인간으로 재 탄생되기 위해 꼼짝없이 그 앞에 정좌하였다. 그녀들의 얼굴에서 선부른 탐욕이라도 발견되면 '두툼한 입술에서 욕정을 도려내고 정화수로 뱀 같은 눈언저리를 닦아내야겠다'고 언급했듯이 K는 단죄하듯 그녀들의 욕망을 끊어 내었다. 무섭도록 대담한 그의 결의와 행위가 비로소 진흙 놀이 유희에의 몰입을 이끈 것이다. 정화된 호흡으로 세속의 욕정이 덜어내어 질 때 인간의 본질이 화덕 안에서 무구한 형상으로 남겨진다는 사실을 그는 자신의 철학으로 굳혀갔던 것이리라.

진흙의 형상에는 작가와 모델, 둘 사이에서 허락된 모습만 남는다. 그리고 테라코타 작품에는 서로의 표징인 양 K의 손자국과 누흔(淚痕)이 우연히 남겨지는 것이다. 그것이 누구의 누흔인가, 혹은 누흔의 의미는 무엇인가 하는 논란은 불필요하다. K가 그것을 뜨거운 가마에 넣고, 마저 덜어내지 못한 세속의 부스러기마저 태워버리려고 전념한 과정의 결정체가 남겨지는 것이기에. 인간이 가진 탐욕이 불구덩이 속에서 살라지고 나면, 비로소 그의 여인들은 화덕 속에서 융기된 듯 휑한 몸체와 좁은 어깨를 드러낸다. 테라코타로 거듭난 그녀들의 곧은 시선은 공명을 일으킬 듯 고고한 분위기를 자아낸다. K의 불장난으로 그의 여인들은 회개 승화한 순간을 우연처럼 맞이하는 것이다.

만년이 지나도 썩지 않는 테라코타로 거듭나는 불장난의 우연에는 작가의 혼 흘림이 깃든다. 그녀들이 테라코타로 변하여질 때 K의 영혼과 긴밀히 교감하며 뒤엉키어지고, K의 영혼과 일체하는 순간에 습했던 욕정은 허물어진다. 그의 여인들은 중력 없는 공간에 부려지듯 아뜩한 희열에 잠기게 되고. 인간의 시계(視界)로는 분간할 수 없는 그 여인들의 표정은 작가의 구도 정신을 온전히 흡수한 결과를 드러내게 된다.

테라코타의 거장 권진규는 이런 일련의 과정을'불장난의 우연'이라고 가볍게 결론지었지만 사실 그것의 본질은 정결한 영혼의 부활과 등가되는 말이리라. 자신의 영혼을 태워서 타자의 구원에 개입하는 이 경이로운 영혼 체험을 두고 어찌 우연이라 간단할 수 있겠는가.

〈초인〉

K의 인물상들은 놀랍도록 견고한 지성미와 엄숙한 성정을 드러낸다. 동시에 지극히 순수한 영혼이 똬리를 틀고 있는 느낌을 전한다. 모 평론가는 선의 경지와도 같은 K의 순수성을 그의 이상향이라고 헤아렸다. 물론 남은 자들의 해석이겠지만, 물욕에서 벗어난 자아가 진흙 놀이로 순결함을 꿈꿔온 세상, 그것이 그가 품고자 했던 원대한 구원의 세계였다는 귀결이다. 그는 자신의 세계를 얻기 위해 내면적 질서에 순응했고, 창조적 유희를 즐기는 순수한 인간이었다. 니체가 제시한 이상적인 인간'초인'에 가깝다는 생각을 가져본다.

인간의 구원을 위해 우연을 가장하여 진흙에 영혼을 불어넣은 불장난은 시절을 버리고서야 가치 있는 유물이 되었다. 그가 목숨 걸고 흙에 천착했던 근원적인 이유가 이제야 가치를 발하고 있는 것이다. 그와 비견하는 것은 도리가 아니겠으나, 우리는 세속적인 편견 속에서 얼마나 뒤엉켜 살아가고 있는가. 그의 여인들처럼 과감하게 성형되어야 할 존재들이 아닌가 싶다.

작은 음악회의 마지막 연주곡으로 타이스 명상곡이 흘러나왔다. 담쟁이들이 여름내 엉클렸던 자신의 그림자를 벽에 비추고 있다. 밤은 점점 깊어가고 바람에 담쟁이 그림자가 흔들린다. 무희(舞姬)인 '타이스'가 첼로의 현을 농락하며 수도사 아나타엘에게 유혹의 그림자를 드리우는 순간이 다가왔다. 마음이 빽빽해지고 벽에 일렁이던 담쟁이의 그림자가 어둠 속에 몸을 숨겨버린다. 이윽고 타이스의 비극적 사랑은 신의 사랑 앞에 무릎을 꿇고 만다. 그처럼 작은 음악회도 끝이 나고 있었다. 음악회가 끝나고 전시관에 관람객들의 발걸음이 잦아들었다. 201720, 201723, 그와 그의 어머니 묘지 번호를 연달아 타전해 본다. 응답이 오질 않는다. 뚜~뚜~뚜.

"아무도 눈여겨보지 않는 건칠을 되풀이하면서, 오늘도 봄을 기다린다. 까막까치가 꿈의 청조(靑鳥)를 닮아 하늘로 날아 보내겠다는 것이다."

1972년, 조선일보 [예술적 산보]에 실린 글의 일부이다. 권진규 조각가는 이 문장을 쓰고 1년 후인 1973년 5월 4일 그의 아틀리에에서 스스로 생을 마감하였다. 혼 흘림의 서사는 그 이후로 진화를 거듭하고 있다.

# 시렁그네를 타면서

유승우 (시인/문학박사)

지은 것은 집이고, 만든 것은 물건이다. 집은 살기 위해 짓고, 물건은 쓰기 위해 만든다. 그러면 글은 어떤 집인가. 영혼의 집이다. 이남희 테라피 수필집의 표제는 『시렁 그네』이다. 문집의 표제는 그 문인의 문학세계를 상징하는 영혼의 집 문패이다. 문집의 표제가 된 〈시렁 그네〉는 전등사를 짓던 대목장의 실연의 전설로 시작한다. 거기엔 "배신자를 그대로 보낼 수 없었던지 대목장은 쪼그려 앉은 나부상을 조각하여 평생토록 대웅전 처마를 떠받치게 한다."라는 대목이 있다. 그렇다. 이남희의 글들은, 그냥 보낼 수 없는 연인의 알몸의 상을 조각해 놓은 영혼의 집 곧 사원이다. 거기엔 외할머니 하, 나, 부, 어머니, 남편, 자녀, 친구 등의 꾸밈없는 알몸의 상들이 조각되어 있다. 그러나 그의 글의 매력은 "나무를 사랑하다 죽어간 대목장이들의 혼이 시렁 그네를 타고 있는 듯 보인다."와 같이, 언어를 사랑하는 글쟁이 이남희의 혼이 시렁그네를 타고 있는 듯이 보이는 하나하나의 문장들에 있다. 이남희의 문장들을 읽으면서 영혼의 시렁 그네를 타는 감동에 젖어들었음을 고백한다.

# 이남희 수필의 표상 뒤 속내

한상렬 (문학평론가)

수필은 작가와 현실의 정서적 등가에 놓인다. 그러므로 수필은 다난한 현실 위에 구축한 정서적, 사변적 깃발이요, '살되 어떻게 사느냐'하는 인간 삶의 궁극적 향방을 찾아 떠나는 여행이다. 아니, 수필은 자기 얼굴 그리기요, 성 쌓기에 이르는 구도의 과정과 접맥된다. 수필이 존재 해명의 문학이자, 인간학이라는 측면을 배제할 수 없는 의미심장한 하나의 표상일 것이기에. 그렇기에 지멜은 "타인에 대한 해석, 타인의 내적 본질을 분석하는 것을 억제하기란 쉽지 않다."고 말한 바 있다. 그래 작가의 의미 있는 초상화를 볼 때마다 우리는 그 표상 뒤에 어떤 속내가 숨어 있는지 알고 싶어 하는 독심술과도 같은 유혹에 속절없이 빠지게 된다. 이남희의 테라피 수필집 《시렁 그네》는 이런 수필의 지형을 보여준다. 한 마디로 존재 유형지에서의 내면 풍경일 것이다.

오랫동안 자신의 혼을 수필창작에 쏟아붓던 작가 이남희는 수필가이자. 문학평론가이기도 하다. 그런 그가 뒤늦게 수필집《시렁 그네》에 자신의 문학적 열망을 담아내었다. 비로소 그의 문학적 성취가 꽃을 피운 셈이랄까. 그의 작품을 음미하노라면 어디서든 그의 낯선 얼굴들과 만나게 된다. 하여 그의 작품 편편은 그만의 표상이자, 초상화다. 아니 그가 평생 마음 안에 구축해온 성 쌓기의 재현이다. 하여 그의 작품을 감상하노라면 마치 독심술과 같은 그만의 세계를 엿보게 한다. 이는 작품을 감상하는 독자가 누리는 경이로운 각성과 즐거움일 것이다. 그뿐이 아니다. 이남희의 작품에서는 언어가 지닌 데리다의 문자학적 사유의 세계를 감지하게 하며, 언어의 기성성 속에 '몸'을 둔 철학적 함의에 눈뜨게 한다. 그래 그의 내면의식의 풍경은 어쩌면 우리가 너무도 일상적인 고정관념이란 의식에서의 자유를 느끼게 한다.

우리 삶의 공간은 기본적으로 윤회생사의 세계인 바르도, 곧 유형지의 모습을 띨 수밖에 없다. 이런 작가 의식의 내면 풍경을 그의 수필들은 잘 보여주고 있다. 이남희의 수필은 고아하고 정갈한 문체, 행간에 담은 본질추구의 작가 정신, 논리적 언어구조가 직조되어 독자가 깊이 있는 사색과 철학적 사유를 가능케 한다. 이와 아울러 발상 자체의 경이로운 국면들이 참신하게 전개되고 있다.

"나무처럼 겸허히 살아내지 못한 나의 가슴으로 바람이 스산하게 불고 있다. 고적한 절간을 서성거리다가 살그머니 대웅전 뒤 안을 드려다 본다. 기다란 대나무 시렁이 시렁 가래에 매달려 있다. 그 위에 나뭇잎이 군데군데 얽혀서 흔들린다. 대웅전 뒷벽에 달린 그 시렁이 왠지 낯설다. 흙 한 줌, 나무 한 그루의 생명도 허투루 여기지 않았을 도편수들, 사랑을 잃고도 나무에 쏟는 지고한 그들의 집념, 그 외곬 사랑의 혼이라도 도량에 쉬어가라 매단 것일까."

그의 표제수필 〈시렁 그네〉에서 보듯 불회사 절터에서의 그의 시선은 일상을 전도한 낯섦에 기대고 있다. 존재에 천착하는 화자의 깊이 있는 사유의 세계가 문학적 형상화에 기여하고 있음을 보게 한다.

"사랑이란 이처럼 낯설게 다가왔다가 부질없이 마음만 부려놓고 떠나가는 시렁 위의 바람 같은 것은 아닐는지. 그래도 마음 속에 흔들리는 시렁 하나 걸어 두면 어떠하리."라는 표상처럼 나부끼는 작가의 문자학적 사유가 〈겨울새 발자국〉과 〈엄마의 방〉, 〈그를 미행하다〉에 연접되어 있다. 문학은 이처럼 파괴된 내면을 조심스럽게 기우고 피 흘리는 상처를 닦아내는 데서 가치를 찾을 수 있을 것이다. 수필 문학에 매진하는 작가의 앞날을 기대하며, 독자들의 일독을 권한다.

그의 글의 매력은 언어를 사랑하는 글쟁이 이남희의 혼이 시렁그네를 타고 있는 듯이 보이는 하나하나의 문장들에 있다. 이남희의 문장들을 읽으면서 영혼의 시렁 그네를 타는 감동에 젖어들었음을 고백한다. 〈유승우/시인, 문학박사〉

그의 작품은 독심술과 같은 그만의 세계를 엿보게 하며, 언어의 기성성 속에 '몸'을 둔 철학적 함의에 눈뜨게 한다. 그의 내면의식의 풍경은 어쩌면 우리가 너무도 일상적인 고정관념이란 의식에서의 자유를 느끼게 한다. 〈한상열/문학평론가〉